AF248027

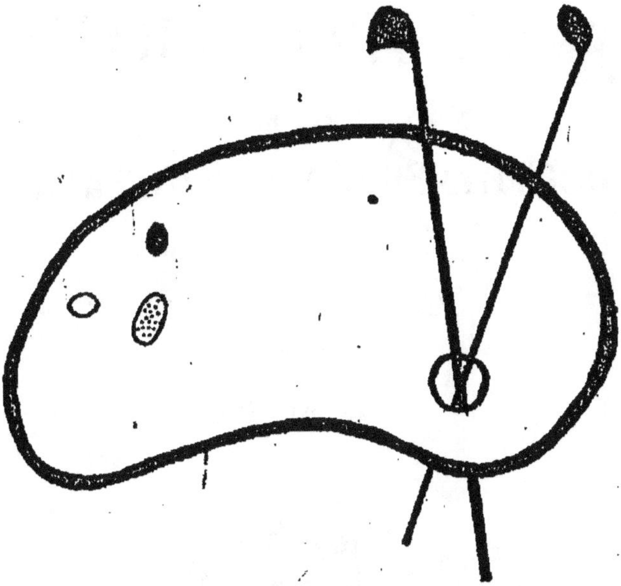

DEBUT D'UNE SERIE DE DOCUMENTS
EN COULEUR

8º R
4946
(321)

SCIENCE ET RELIGION
**Etudes pour le temps présent**

# SAINTE TRINITÉ

## ET LES

## DOCTRINES ANTITRINITAIRES

PAR

## M. l'Abbé H. COUGET

**TOME DEUXIÈME**

**PARIS**

**LIBRAIRIE BLOUD & C**ie

4, RUE MADAME ET RUE DE RENNES, 59

1905

Tous droits réservés

# SCIENCE ET RELIGION

## Études pour le temps présent. — Prix 0 fr. 60 le vol.

**Librairie BLOUD et C<sup>ie</sup>, 4, Rue Madame, Paris.**

*Collection*

# " LA PENSÉE CHRÉTIENNE "
## TEXTES ET ÉTUDES
*Volumes grand in-16 à prix variés.*

La nouvelle collection que nous entreprenons sous le titre *La Pensée chrétienne* a pour but de mettre à la portée du plus grand nombre possible de lecteurs les parties les plus essentielles de l'Ecriture sainte, les principaux monuments de la Tradition et les œuvres particulièrement importantes des auteurs chrétiens.

Le plan de cette collection comporte une traduction partielle de l'Ancien Testament, une traduction intégrale du Nouveau, enfin des Extraits abondants, en langue française, des Pères de l'Eglise, des Grands Scolastiques et des Maîtres de la pensée chrétienne moderne.

Cette importante publication, facilitant le recours aux textes — qui s'y trouveront présentés sous une forme facilement accessible à tous — est destinée, dans l'esprit de ses fondateurs, à promouvoir l'étude positive du Christianisme spéculatif.

Pour atteindre ce résultat, il a paru que le mieux serait de publier, non des *études* ou *monographies* qui, si objectives soient-elles, montrent toujours œuvres et hommes à travers le prisme d'un cerveau étranger, mais des Extraits copieux. Ces Extraits, traduits et annotés, reliés entre eux par de brèves analyses, précédés, sauf exception justifiée, d'introductions biographiques et bibliographiques, permettront au lecteur d'entendre chacun développer lui-même la synthèse intégrale ou les théories particulières que lui a inspirées sa foi. Cet exposé purement descriptif, où se trouveront étalées, dans leur variété infinie, les splendeurs de la théologie et de la philosophie chrétiennes, suffira, on l'espère, à ruiner le vieux préjugé qui veut que le Christianisme, imposant uniformément à tous les croyants un dogme immuable, opprime les individualités et détruise leur légitime autonomie.

En résumé, la collection *La Pensée chrétienne* (*sur laquelle nous appelons la bienveillante attention* des centaines de mille lecteurs et amis de *SCIENCE ET RELIGION*) formera dans son ensemble, avec ses quatre groupes : **biblique, patristique, scolastique, moderne**, le tableau le plus complet et le plus suggestif de *l'évolution dogmatique* et, plus généralement, de *la vie intellectuelle dans le christianisme à travers les âges.*

DEMANDER LE CATALOGUE DE " *La Pensée chrétienne* "

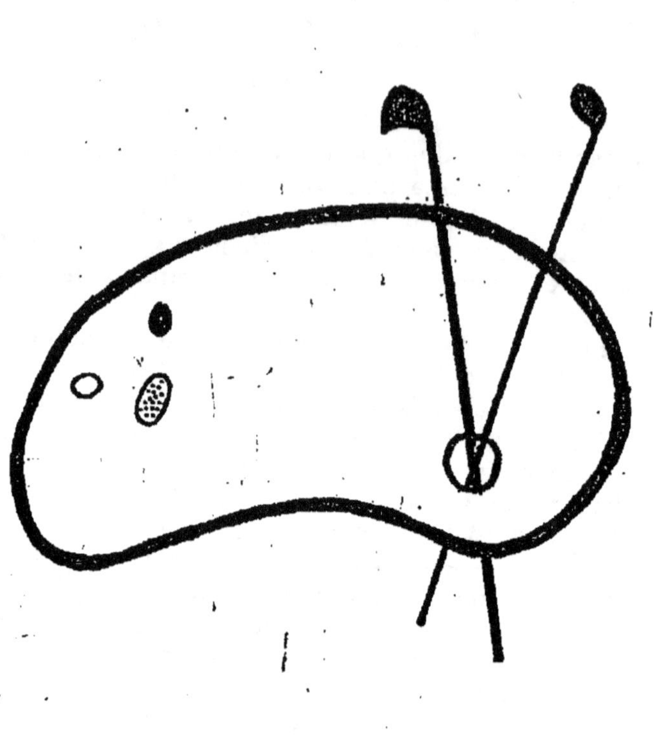

**FIN D'UNE SERIE DE DOCUMENTS
EN COULEUR**

# LA SAINTE TRINITÉ

8° R 14946 (327)

Sur le témoignage favorable de l'examinateur, nous permettons l'impression de l'ouvrage intitulé : *La Sainte Trinité et les Doctrines antitrinitaires.*


Paris, le 7 juillet 1904.

G. LEFEBVRE,
vic. gén.

SCIENCE ET RELIGION
Etudes pour le temps présent

# LA SAINTE TRINITÉ

## ET LES

## DOCTRINES ANTITRINITAIRES

PAR

M. l'Abbé H. COUGET

TOME SECOND

PARIS

LIBRAIRIE BLOUD & C<sup>ie</sup>

4, RUE MADAME ET RUE DE RENNES, 59

1905

Tous droits réservés

# LA SAINTE TRINITÉ

## ET LES

## DOCTRINES ANTITRINITAIRES

## CHAPITRE IV

### LA DOCTRINE RELATIVE AU SAINT-ESPRIT

### *Art. 1.*

### *Origine des erreurs pneumatiques.*

Pendant la période anténicéenne, l'étude de la Sainte-Trinité s'était presque uniquement concentrée sur le Verbe, sa divinité, ses rapports avec le Père : la divinité même de Jésus-Christ était en jeu. Si l'on s'occupait du Saint-Esprit, ce n'était qu'exceptionnellement et par voie de conséquence ; les hérésies suivaient la même ligne. Et le concile de Nicée s'était borné à cette profession : *Nous croyons en l'Esprit Saint* (1).

L'Arianisme concevait le Fils de Dieu comme une créature créant elle-même les autres êtres ; logiquement il fallait en conclure que le Saint-Esprit était une œuvre du Verbe. En effet, cette assertion se fit jour vers le milieu du IV<sup>e</sup> siècle. Les Anoméens, sans rabaisser cependant le Saint-Esprit au niveau des simples créatures, en faisaient une sorte d'intermédiaire subordonné au Verbe. « *Le Saint-Esprit*, disait Eunomius, *a été, pour l'ordre*

_________

(1) Voir *supra*, t. I, page 37.

« *comme pour l'essence, créé le troisième, sur l'ordre*
« *du Père, par l'action du Fils ; honoré du troisième*
« *rang comme la première et la plus élevée des créatures*
« *du Fils unique, seul de son espèce, mais dépourvu*
« *de divinité et de puissance créatrice* (1). » Les Semi-
Ariens firent cause commune avec les Ariens rigides.
Ils nièrent eux aussi la divinité de la troisième personne
et la regardèrent comme une créature, un des membres
de la hiérarchie céleste, ministre inférieur de Dieu, mais
d'un ordre plus élevé que les anges. Saint Athanase
donne aux partisans de cette doctrine le nom de *Tro-*
*piques* (2) parce qu'ils prenaient pour dés tropes ou
figures les passages des Livres saints qui se rapportent
au Saint-Esprit. La divinité de cette personne entraî-
nait une autre question, celle de son origine : sur ces
deux points surgirent tour à tour des erreurs, des dis-
cussions et des définitions dogmatiques.

Art. 2.

La divinité du Saint-Esprit.

§ 1. — Le Macédonianisme.

Eusèbe avait été transféré en 339 du siège de Nicomédie sur celui de Constantinople. Quand il mourut en
342, les Eusébiens élurent pour lui succéder le prêtre
MACÉDONIUS (3). Adroit et intrigant, soutenu par l'empereur Constance, imposé de force aux orthodoxes de
Constantinople, Macédonius entreprit contre les Nicéens
une lutte vigoureuse ; il les persécuta et les chassa de
toutes leurs églises ; mais, à son tour, lors de la suprématie homéenne, après le concile de Séleucie, il parta-

_______

(1) Saint Basile, *Adv. Eunom.*, III, 5.
(2) Saint Athan. *Ep. ad. Serap.*, I, 4.
(3) Voir *supra*, t. I, p. 40.

gea le sort d'un grand nombre d'autres évêques homoïóu-
siens et fut déposé et exilé (360) (1). Il devint alors chef
de parti et enseigna ouvertement que le Saint-Esprit est
une créature, semblable aux anges ; ni coéternel, ni
consubstantiel au Père et au Fils, mais leur serviteur
et leur ministre. Une secte nouvelle se forma, composée
en majeure partie de Semi-Ariens ; ce fut le groupe des
*Pneumatomaques* (adversaires du Saint-Esprit) ou des
*Macédoniens*. A la mort de Macédonius (362), son disciple MARATHONIUS, évêque de Nicomédie, prit là tête du
mouvement et les hérétiques reçurent le nom de *Mara-
thoniens*.

### § 2. — Réfutation d'Athanase et des Cappadociens.

Pendant son troisième exil, au fond du désert, où il
s'était réfugié, Athanase fut informé, vers 358, par son
ami Sérapion, évêque de Thmuis, de la nouvelle erreur,
à laquelle Macédonius n'avait probablement pas encore
donné toute la notoriété qu'elle devait acquérir après son
bannissement. Ce fut l'occasion des quatre *Lettres à Sérapion* (2) écrites vers 359. Dans la première, le patriarche d'Alexandrie démontre la divinité du Saint-Esprit d'après les Saintes Ecritures ; Dans la seconde, il
revient, contre les Ariens, sur la divinité du Verbe. Dans
la troisième, il reprend les preuves de la divinité du Saint-
Esprit ; et dans la quatrième, il réfute les objections des
hérétiques. « *Le Seigneur*, dit-il, *a fondé la foi de
« l'Eglise sur la Trinité, quand il a dit à ses apôtres :
« allez, enseignez toutes les nations, baptisez-les au
« nom du Père, du Fils et du Saint-Esprit. Si le Saint
« Esprit était une créature, il ne l'aurait pas associé*

(1) Voir *supra*, t. I, p. 55.
(2) SCHWANE, II, p. 256 et suiv. ; — TURMEL, *Hist. de la
théolog. posit.*, p. 65 et suiv. ; — *Dict. de théolog. cath.*, I.
col. 2.159, 2.171 et suiv.

« *au Père pour ne pas faire une Trinité hétérogène,*
« *par la présence d'un élément étranger. Dieu man-*
« *que-t-il donc de quelque chose pour s'adjoindre une*
« *substance étrangère et se faire adorer avec elle ?*
« *Blasphème !... Lui qui n'est pas une créature,* τὸ
« τοίνυν μὴ ὂν κτίσμα, *mais qui est aussi étroitement uni*
« *au Fils que celui-ci l'est au Père,* ἀλλ' ἡνωμένον τῷ
« Υἱῷ ὡς ὁ Υἱὸς ἥνωτα τῷ Πατρὶ, *qui est honoré avec le*
« *Père et le Fils,* τὸ συνδοξαζόμενον Πατρὶ καὶ Υἱῷ, *et est*
« *reconnu Dieu avec le Verbe* καὶ Θεολογούμενον μετὰ τοῦ
« Λόγου, *et opère ce que le Père opère par le Fils*
« ἐνεργοῦν τε ἅπερ ὁ Πατὴρ διὰ τοῦ Υἱοῦ ἐργάζεται, *comment*
« *pourrait-il être appelé une créature, sinon par celui*
« *qui manque de piété même à l'égard du Fils ?* πῶς ὁ
« λέγων κτίσμα οὐκ ἄντικρυς εἰς αὐτὸν τὸν Υἱὸν ἀσεβεῖ; » (1)

Ce fut surtout au « *Concile des Confesseurs* », tenu à
Alexand. en 362, que fut dévoilée l'erreur des Pneumatomaques. Après la question des trois hypostases, on
proclama, contre les Macédoniens, la divinité du Saint
Esprit et on déclara que cette personne est égale et
consubstantielle aux deux autres, que la Trinité ne peut
être divisée et que rien de ce qui lui appartient n'est
créature.

Bien loin d'être vaincus, les hérétiques se livrèrent
à une propagande active. Sous le règne de Julien l'Apos-
tat, ils virent leur nombre s'augmenter, tinrent des conciles à Zélé et à Lampsaque, et entrèrent en lutte avec
les orthodoxes et les Anoméens. Ils étaient Macédoniens,
les cinquante-neuf évêques, qui, en 366, envoyèrent
en députation trois évêques à l'empereur Valentinien et
au pape Libère dans le dessein d'aboutir à l'unité religieuse (2). Le pape les reçut dans sa communion, mais

(1) *Ep. ad. Serap.*, I, 17, 31.
(2) Voir *supra*, t. I, p. 62.

mieux renseigné par les prélats orthodoxes sur le cas des Pneumatomaques, son successeur Damase condamna leur erreur dans un synode tenu à Rome (vers 374). D'autres conciles renouvelèrent cette condamnation en Illyrie (375) à Iconium et en Cappadoce (vers 376).

C'est que les Pneumatomaques, à mesure qu'ils gagnaient du terrain, affirmaient davantage leur doctrine. Le Saint-Esprit, disaient-ils, doit être engendré ou non. — S'il ne l'est pas, il est un second Dieu, et c'est le polythéisme. S'il l'est, de deux choses l'une : — ou il est engendré par le Père ; alors le Père a deux fils, et le Verbe un frère ; — ou il est engendré par le Verbe, alors il est le fils du Fils et le petit-fils du Père. Or comme toutes ces conceptions sont en désaccord avec les Saintes Ecritures, il faut en conclure que le Saint-Esprit n'est pas Dieu. A quoi les Pères, entre autres Grégoire de Nazianze, devaient répondre que le dilemme posé en principe était vicieux, puisqu'il laissait place à une autre alternative, qui était la vraie : avec la génération, il y avait en Dieu, un autre mode d'origine, la procession, attribuée au Saint-Esprit par l'Evangile selon saint Jean XV, 26. *Spiritum veritatis qui a Patre procedit.*

Les trois docteurs de Cappadoce défendaient, en effet, avec leur science profonde et sûre, la divinité du Saint-Esprit. L'évêque de Nazianze ne faisait pas difficulté de reconnaître qu'il y avait eu probablement un certain progrès dans la connaissance du dogme et il pensait que la divinité de la troisième personne n'avait été nettement proclamée qu'au jour de la Pentecôte. « *L'Ancien* « *Testament*, dit-il, *nous a fait connaître clairement le* « *Père, obscurément le Fils. Le Nouveau nous a révélé* « *le Fils, et seulement indiqué la divinité du Saint-* « *Esprit. Maintenant le Saint-Esprit habite en nous* « *et se fait connaître ouvertement à nous. Il n'était* « *pas prudent, alors que la connaissance de la divinité*

« *du Père n'était pas encore bien établie, de mettre en*
« *lumière celle du Fils, — non plus que d'y surajouter*
« *celle du Saint-Esprit, quand l'origine divine du*
« *Fils n'était pas encore complètement acceptée... Je*
« *crois donc que la divinité du Saint-Esprit est un de*
« *ces articles qui ont été éclaircis plus tard* Θεότητα
« τρανουμένην εἰς ὕστερον, *lorsque, après l'Ascension de*
« *Notre-Seigneur, la reconnaissance de cette divinité*
« *fut devenue par ce miracle mûre et universelle* (1). »

On s'expliquerait, par là, l'attitude des évêques de
Cappadoce, particulièrement de Basile, vis-à-vis des
Macédoniens. Pour les ménager, avec l'espoir de les
amener à la vérité, l'évêque de Césarée s'abstenait,
comme on l'a vu (2), de donner expressément le nom
de Dieu au Saint-Esprit ; et, ainsi que son ami, l'évêque
de Nazianze, il admettait dans sa communion des gens
qui ne voulaient point user de cette expression. Il pensait que ne point mettre cette personne au rang des
créatures, c'était admettre équivalemment sa divinité et
que reconnaître à la fois les trois personnes essentielle-
ment égales, et l'unité de l'être divin, c'était confesser
implicitement que le Saint-Esprit était Dieu. « *Recon-*
« *naissez la trinité de l'unique divinité, ou si vous le*
« *voulez de l'unique nature*, disait Grégoire de Na-
« *zianze, et ensuite nous demanderons pour vous au*
« *Saint-Esprit le mot Dieu* (3). » Cette attitude parut
suspecte à certains orthodoxes, et surtout aux moines.
En 371, on avait accusé Basile d'avoir, dans un discours,
parlé en termes équivoques de la divinité du Saint-Esprit ; trois ans après, on lui reprochait d'avoir, à l'an-
cienne doxologie de Césarée — « Gloire au Père, par le
Fils, dans le Saint-Esprit » — substitué celle-ci : « Gloire

(1) *Orat.*, 31, 26.
(2) Voir *supra*, t. I, p. 60 en note.
(3) *Orat.*, loc. citat.

au Père avec le Fils et avec le Saint-Esprit ». Pour se disculper, il écrivit en 375 et dédia à son ami Amphiloque, évêque d'Iconium, son traité *Du Saint-Esprit*. Il y enseignait la consubstantialité du Saint-Esprit avec le Père et le Fils et démontrait qu'on lui devait les mêmes honneurs, puisqu'il y a identité de nature et d'opération entre les trois personnes. Grégoire de Nazianze le soutint et prit sa défense. « *Il vaut mieux*, écrivait-il, « *dispenser avec économie la vérité, quand* « *les circonstances obligent d'en adoucir l'éclat, que* « *de la mettre en pleine lumière au risque de la rui-* « *ner* (1). » Et dans l'oraison funèbre de l'évêque de Césarée, il le justifiait sans restriction : « *Les malheurs* « *des temps et les angoisses personnelles de Basile* « *avaient obligé ce grand homme à n'exprimer son* « *sentiment qu'avec mesure et circonspection* (2). »

### § 3. — La définition conciliaire de Constantinople (381).

Cependant le pape Damase, dans sa *Confession de foi catholique* (3), portait une série d'anathèmes, contre les Pneumatomaques qui se refuseraient à reconnaître l'unité de substance du Saint-Esprit avec le Père et le Fils. Il y professait la divinité de cette personne et sa consubstantialité avec les deux autres. Enfin le concile de Constantinople fut réuni en 381 (4). Trente-six évêques macédoniens présents ne purent se mettre d'accord avec les 150 orthodoxes et se retirèrent avant la fin du concile. Le Macédonianisme fut condamné. On rédigea le symbole dit *nicéno-constantinopolitain* (5), qui reproduisait en majeure partie celui que saint Epiphane

(1) *Epist.* 58.
(2) *Orat.*, 43, n° 69.
(3) Voir *supra*, t. I. p. 63.
(4) Voir *supra*, *ibid.*
(5) La question est controversée, voir *Dict. de théol. cath.*, I, col. 1845.

avait inséré dans l'*Ancorat* (1) et dont il faisait usage depuis quelques années (2) pour l'administration du baptême.

Ce symbole diffère de celui de Nicée par quelques passages relatifs au Fils. On a supprimé ce qui indiquait la génération *de la substance du Père*, pour la remplacer par la génération *éternelle* :

<table>
<tr><td>SYMBOLE DE NICÉE</td><td>SYMBOLE DE CONSTANTINOPLE</td></tr>
<tr><td>... Τὸν υἱὸν τοῦ Θεοῦ, γεννη-θέντα ἐκ τοῦ Πατρός μονογενῆ, τουτέστιν ἐκ τῆς οὐσίας τοῦ Πατρός...</td><td>... Τὸν υἱὸν τοῦ Θεοῦ τὸν μονογενῆ, τὸν ἐκ τοῦ Πατρός γεννηθέντα πρὸ πάντων τῶν αἰώνων...</td></tr>
<tr><td>« ... Fils de Dieu, seul en-<br>» gendré du Père, c'est-à-<br>» dire de la substance du<br>» Père... »</td><td>« ... Fils unique de Dieu,<br>» engendré du Père avant<br>» tous les siècles... »</td></tr>
</table>

En ce qui regarde le Saint-Esprit, le symbole de Nicée fut complété par cet article qui visait spécialement les Macédoniens :

<table>
<tr><td>« Nous croyons. . . . . . .<br>» au Saint-Esprit, Seigneur<br>» et vivificateur, qui procède<br>» du Père, qui conjointe-<br>» ment avec le Père et le<br>» Fils est adoré et glorifié et<br>» qui a parlé par les pro-<br>» phètes. »</td><td>Πιστεύομεν. . . . . . . . .<br>καὶ εἰς τὸ ἅγιον πνεῦμα, τὸ κύριον, τὸ ζωοποιόν, τὸ ἐκ Πατρὸς ἐκπορευόμενον, τὸ σὺν Πατρὶ καὶ Υἱῷ σύνπροσκυνού-μενον, καὶ συνδοξαζόμενον, τὸ λαλῆσαν διὰ τῶν προφετῶν.</td></tr>
</table>

Cette définition ruinait l'hérésie. Le concile affirmait : 1° que le Saint-Esprit est une personne distincte ; — 2° consubstantielle au Père ; — 3° procédant du Père ;

_______

(1) Composé, vers 374. — n° 118.
(2) *Ancorat.*, n° 119.

— 4º adorable et divine au même titre que le Père et le Fils. Les conciles généraux d'Ephèse en 431, de Chalcédoine en 451, les 2º et 3º de Constantinople en 553 et 680 devaient reproduire et confirmer la même doctrine.

Cependant, le concile qui condamnait ainsi toutes les hérésies issues de l'Arianisme, ne formulait aucun enseignement sur les rapports du Fils et du Saint-Esprit. Ce point resté obscur laissait à de nouvelles erreurs la facilité de se produire. Les Pneumatomaques étaient mortellement frappés et n'existaient plus au début du vᵉ siècle ; mais une nouvelle et profonde dissension allait éclater entre l'Orient et l'Occident à propos de la procession du Saint-Esprit.

### Art. 3.

### Le Filioque ou la Procession du Saint-Esprit.

#### § 1. — La définition dogmatique.

La définition de l'unité de substance contre les Trithéistes, de la trinité des personnes contre les Modalistes et les Subordinatianistes dégageait nettement l'essence du dogme trinitaire. Les décisions dogmatiques sur la consubstantialité et la divinité du Fils déterminaient les relations du Père et du Fils. Celles sur la consubstantialité et la divinité du Saint-Esprit déterminaient également les relations du Père et du Saint-Esprit ; mais entre le Fils et le Saint-Esprit, quels étaient les rapports ? Emanaient-ils tous deux du Père, indépendamment l'un de l'autre ; — ou des relations mutuelles les rattachaient-elles l'un à l'autre ? Tandis que l'Orient se perdait dans des spéculations plus ou moins platoniciennes, l'Occident répondait, d'après les Ecritures, que le Saint-Esprit n'est pas étranger au Fils et qu'il en procède aussi bien que du Père.

Ce fut d'Espagne que vint au v<sup>e</sup> siècle la première décision conciliaire. En 447, à Tolède, un synode introduisit dans son symbole que la troisième personne procédait également du Fils, *ex Patre Filioque procedentem*. En 589, le 8 mai, Récarède, roi des Visigoths, convoqua un nouveau synode, (le troisième) à Tolède, pour y abjurer l'Arianisme avec son peuple. Ce fut l'occasion, pour le concile, de compléter le symbole nicéno-constantinopolitain par l'addition du *Filioque*. Cette doctrine n'était pas nouvelle dans l'Eglise latine, ni spéciale à l'Eglise d'Espagne. *Le Symbole*, dit *de saint Athanase* (1), composé très probablement au v<sup>e</sup> siècle, dans la Gaule méditerranéenne, l'enseignait clairement : « *Spiritus Sanctus, a Patre et Filio, non factus, nec creatus, nec genitus, sed procedens.* » — « Ce qu'il y a de « plus curieux, fait remarquer Schwane, c'est que ce « symbole ait, à cause du nom qui lui est assigné, obtenu pleine autorité, même dans l'Eglise grecque, sans « qu'elle ait voulu reconnaître comme vérité de foi que le « Saint-Esprit procède du Fils » (2).

Enfin le xi<sup>e</sup> concile de Tolède, en 675, clôt la série des développements de la doctrine trinitaire. Par la suite on discutera, on expliquera, on éclaircira, on précisera les points dogmatiques ; mais on n'aura rien à ajouter aux éléments essentiels qui sont désormais définis :

| | |
|---|---|
| « Nous confessons et croyons que la Sainte et ineffable Trinité, Père, Fils et | « Confitemur et credimus sanctam atque ineffabilem Trinitatem, Patrem, Filium |

(1) Voir *Dict. de théol. cath.*, I, col. 2.178 et suiv. Ce symbole est influencé, d'une manière évidente, par la doctrine de saint Augustin qui fait procéder le Saint-Esprit du Père et du Fils comme d'un seul principe : « Sicut Pater et Filius unus Deus... sic relative ad Spiritum Sanctum unum principium ». *De Trinit.*, v, 14, 15. Voir *infra*, p. 26 et 27, la doctrine de saint Augustin.
(2) T. II, p. 316.

» Saint-Esprit, est essentiel-
» lement un seul Dieu d'une
» seule substance, d'une
» seule nature, d'une seule
» puissance et majesté. Nous
» professons que le Père
» n'est ni engendré, ni créé,
» mais est inengendré. . . .
» Que le Fils est né de la
» substance du Père, sans
» commencement, avant tous
» les siècles . . . . . . . . .
» Qu'Il est de la même
» substance que le Père ;
» c'est pourquoi on le dit
» consubstantiel au Père . .
» Nous croyons que l'Es-
» prit-saint, la troisième
» personne de la Sainte Tri-
» nité est un seul et même
» Dieu avec Dieu Père et
» Fils, d'une seule et même
» substance, d'une seule et
» même nature ; ni engen-
» dré, ni créé, mais procé-
» dant de l'un et de l'autre.
» Les noms de personnes
» marquent leurs relations
» réciproques, celui de Père
» par rapport au Fils, celui
» de Fils par rapport au
» Père, celui de Saint-Esprit
» par rapport à l'un et à
» l'autre . . . . . . . . . . .
» Bien qu'ils soient trois
» en un et un en trois, cha-
» que personne cependant
» possède ses propriétés per-
» sonnelles. . . . . . . . . »

» et Spiritum sanctum, unum
» Deum naturaliter esse
» unius substantiæ, unius
» naturæ, unius quoque ma-
» jestatis atque virtutis. Et
» Patrem quidem non ge-
» nitum, non creatum, sed
» ingenitum profitemur. . .
» Filium quoque de subs-
» tantia Patris sine initio
» ante sæcula natum . . . .

» Hic etiam unius cum
» Patre substantiæ creditur,
» propter quod et ὁμοούσιος
» Patri dicitur. . . . . . . .
» Spiritum quoque sanc-
» tum, qui est tertia in
» Trinitate persona, unum
» atque æqualem cum Deo
» Patre et Filio credimus
» esse Deum, unius subs-
» tantiæ, unius quoque esse
» naturæ ; non tamen geni-
» tum, vel creatum, sed ab
» utrisque procedentem. . .
» ... In relativis vero per-
» sonarum nominibus, Pa-
» ter ad Filium, Filius ad
» Patrem, sanctus Spiritus
» ad utrosque refertur. . . .

» Cum enim igitur hæc
» tria sint unum et unum
» tria, est tamen unicuique
» personæ manens sua pro-
» prietas. . . . . . . . . . »

Ainsi sont proclamées et définies l'unité de nature et de substance, la trinité, la divinité, l'égalité et la consubstantialité des personnes, la génération éternelle du Fils, la procession éternelle du Saint-Esprit *ab utroqu*, les relations d'origine, paternité, filiation et processio, et les propriétés personnelles. Il n'y manque que le sceau d'un concile œcuménique.

### § 2. — Les préliminaires du schisme.

Les Grecs continuaient cependant à professer que le Saint-Esprit procède du Père *par* le Fils. Saint Jean Damascène (1), († vers 760) était, sur ce point, leur grande autorité patristique. Ils se réclamaient de sa doctrine, qui était un résumé de celle des Pères grecs. Dans son ouvrage : *De la foi orthodoxe*, le docteur de Damas s'était, en effet, exprimé de façon à leur donner raison : « *Nous disons que le Saint-Esprit vient du* « *Père et qu'il est l'Esprit du Père ; nous ne disons* « *pas qu'il vient du Fils, mais nous l'appelons l'Es-* « *prit du Fils* (2). » — Et ailleurs il écrivait avec encore plus de netteté : « *Il est l'Esprit du Fils, non pas* « *qu'il procède* DE *lui* καὶ Υἱοῦ δὲ Πνεῦμα οὐχ ὡς δι' αὐτοῦ « *mais* PAR *lui il procède du Père* ἀλλ' ὡς δι' αὐτοῦ ἐκ τοῦ « Πατρὸς ἐκπορευόμενον, *car il n'y a pas d'autre principe* « *que le Père* μόνος γὰρ αἴτιος ὁ Πατήρ (3). » Il écrit encore : « *Ce n'est pas du Fils qu'il tient l'existence* ἀλλ' οὐκ ἐξ αὐτοῦ ἔχον τὴν ὕπαρξιν (4). »

---

(1) Bardenhewer, III, p. 77 et suiv. — Schwane, II, p. 298.

(2) *De orth. fid.* I, 8. Τὸ δὲ πνεῦμα τὸ ἅγιον, καὶ ἐκ τοῦ Πατρὸς ὀνομάζομεν · ἐκ τοῦ Υἱοῦ δὲ τὸ πνεῦμα οὐ λέγομεν · πνεῦμα δὲ Υἱοῦ ὀνομάζομεν.

(3) *Ibid*, I, 12; de même dans plusieurs autres endroits. *De hym. trisag* : τὸ πνεῦμα τὸ ἅγιον· ἐκ τοῦ Πατρὸς γαρ διὰ τοῦ Υἱοῦ καὶ Λόγου προϊόν, οὐχ υἱκῶς δὲ.

(4) *Hom. in Sabb.*, I, 4.

Or, en 767, un synode réuni à Gentilly recevait une ambassade adressée à la France par l'empereur iconoclaste Constantin Copronyme. Grande fut la surprise des Grecs quand, à la messe, ils entendirent chanter le *Filioque* inséré dans le symbole. Ils crurent devoir faire es représentations qui furent mal accueillies. On s'étonna en Occident que l'Orient ne reconnût pas que le Fils faisait avec le Père un seul principe d'où dérivait le Saint-Esprit. Le roi Charles demanda des lumières à son théologien. ALCUIN (735-804), composa vers 785 le *Libellus de processione sancti Spiritus* (1). Il y relevait les textes d'Ecriture Sainte qui font procéder du Fils la troisième personne divine.

Une autre circonstance vint encore mettre en évidence la différence de doctrine des Eglises grecque et latine. Des moines, d'origine franque, établis près de Jérusalem, sur le mont des Oliviers, fidèles à la coutume de leur patrie, chantaient à l'office le *credo* augmenté du *Filioque*. Cette addition, importée dans un pays où le symbole nicéno-constantinopolitain était gardé dans sa complète intégrité, parut une altération grave. Les moines grecs du monastère de Saint-Sabas accusèrent les Latins d'hérésie. Les Francs, inquiétés, s'adressèrent au Pape Léon III. Dans leur *Epistola peregrinorum monachorum*, ils protestaient de leur attachement à la vraie doctrine, s'excusaient en rappelant qu'ils avaient entendu chanter le *Filioque* dans la chapelle de Charlemagne et demandaient ce qu'il fallait croire au sujet de la procession du Saint-Esprit. Le pape répondit par un symbole adressé aux Orientaux : *Credimus Spiritum a Patre et a Filio œqualiter procedentem*. Il saisit le roi des Francs de la question et lui laissa le soin de proté-

(1) L'authenticité en est contestée. *Dict. de théol.*, I, col. 691-692. — TURMEL, *Hist. de la théol. positi*, p. 256, en note. — Voir page 365 et suiv.

ger ses compatriotes. THÉODULPHE, évêque d'Orléans, chargé par Charlemagne d'élucider le problème, composa un traité *De Spiritu Sancto* (1) qui n'était qu'une compilation de textes patristiques destinés à légitimer le *Filioque*. Au mois de novembre 809, l'empereur convoqua à Aix-la-Chapelle un concile national. Il y fut déclaré, contre les Grecs, que le Saint-Esprit procède aussi bien du Fils que du Père ; mais on ignore quelle décision liturgique fut prise au sujet du chant du *Filioque*. L'année suivante (810), le pape réunit à Rome un concile, qui, lecture faite des actes du synode d'Aix, en approuva la doctrine. Par égard pour les Grecs, et à raison du scandale qu'ils en éprouvaient, on désapprouva cependant tout changement fait au symbole. Les ambassadeurs francs reçurent le conseil de ne plus faire usage à l'office de la formule contestée. Enfin Léon III fit suspendre à saint Pierre deux écussons en argent sur lesquels était gravé le symbole sans l'addition. La décision liturgique du concile fut sans effet. Le *Filioque* continua à être chanté dans les Gaules et dans la suite parvint même à être introduit dans la cour romaine. Tandis qu'entre Rome et les Francs la controverse portait uniquement sur l'opportunité de la formule, entre l'Orient et l'Occident le conflit était plus grave ; sous une querelle de mots se manifestait une dissension doctrinale, un désaccord au sujet du dogme de la procession.

Près de cinquante ans plus tard, en 857, à la suite de scandales et d'intrigues de palais, Ignace, le patriarche de Constantinople, était injustement et illégitimement déposé. Un intrus lui succédait, dans la personne d'un laïc élevé subitement à l'épiscopat. PHOTIUS, réputé l'homme le plus savant et le plus éloquent de son siècle, se montra le plus habile, le plus fourbe et le

(1) TURMEL, p. 259, 367 et suiv.

plus ambitieux de son époque. Excommunié par le pape Nicolas I, il tenta adroitement de détourner de sa personne le conflit et de le porter sur le terrain dogmatique. En 866, il adressait à tous les patriarches d'Orient, pour les convoquer à un concile, une circulaire d'un langage violent, où étaient rassemblés tous les griefs de l'Eglise grecque contre l'Eglise de Rome. Le *Filioque* y figurait en bonne place. Photius faisait remarquer que les Occidentaux n'avaient point le droit d'amplifier, sans le concours des évêques orientaux, le symbole des conciles de Nicée et de Constantinople ; que faire procéder l'Esprit du Père et du Fils, c'était introduire deux principes dans la divinité. Enfin au concile de 867, il prononçait la déposition du pape.

Nicolas I recourut sans tarder, par l'intermédiaire de l'archevêque de Reims, aux évêques francs. Dans son *Epistola ad Hincmarum et cæteros episcopos in regno Caroli constitutos*, il les chargeait de réfuter le schismatique. RATRAMNE (1), moine de Corbie, en quatre livres *Contra Græcorum opposita, Romanam ecclesiam infamantia*, — ODON, évêque de Beauvais, dans un écrit aujourd'hui perdu, — ENÉE, évêque de Paris, dans le *Liber adversus Græcos* (2), — les évêques de Germanie, réunis en synode à Worms (868) dans *Imprimis responsio contra Græcorum hæresim de fide Trinitatis* (3), s'efforcèrent de réfuter Photius et d'apporter les preuves scripturaires et patristiques de la légitimité du *Filioque*. En 868, le concile œcuménique de Constantinople condamna Photius et l'envoya en exil. La mort d'Ignace, le patriarche légitime, survenue en 878, permit à l'hérétique de rentrer en grâce et de remonter sur le siège épiscopal. Un accord survint avec le pape Jean VIII. Des

(1) SCHWANE, IV, p. 231 ; — TURMEL, p. 259 et suiv ; 368 et suiv.
(2)   *Ibid.*                    *ibid.*
(3)   *Ibid.*                    *ibid.*

légats apportèrent les lettres et les conditions de récon
ciliation ; six semaines après, Photius s'efforçait de dé-
tacher l'Eglise d'Orient de l'Eglise romaine, de la placer
sous la seule autorité du patriarche de Constantinople ; il
anathématisait tous ceux qui feraient quelque addition
au symbole, ce qui était évidemment une critique in-
directe à l'adresse de Rome où l'on chantait le *Filioque*.
Excommunié et déposé, Photius fut enfermé dans un
monastère où il mourut vers 891.

### § 3. — Le schisme grec.

La rupture ne fut définitive qu'au XIe siècle. Le schisme
fut consommé par MICHEL CÉRULAIRE. Ce patriarche de
Constantinople voulut, lui aussi, secouer le joug romain
et affirmer la suprématie spirituelle de son église sur tout
l'Orient chrétien. Il reprit, en les augmentant, les griefs
formulés par Photius, et, au synode de 1054, s'autorisa
de l'adjonction du *Filioque* pour accuser l'Eglise latine
et se séparer d'elle.

Les tentatives de réunion devaient toutes échouer.
Les croisades, dont le projet avait déjà été formé par
Silvestre II, rendaient l'union encore plus désirable. Il
y avait de grands intérêts, même temporels, à mettre fin
au différend. Dans ce but, on tint un concile à Bari,
dans l'Italie méridionale, en 1098. SAINT ANSELME (1)
(1033-1019) y fut chargé de défendre le *Filioque*. Il écrivit son traité *De processione Spiritus Sancti contra
Græcos* (1101) dans lequel la dialectique a une large part,
et la tradition n'est pour ainsi dire point utilisée (2).
SAINT THOMAS D'AQUIN (3) (1227-1274) fut également
invité par le pape Urbain IV à travailler au rapproche-
ment des schismatiques. En 1262, il écrivit son *Contra*

(1) Voir *infra*, p. 32.
(2) SCHWANE, IV, p. 1240 et suiv. ; — TURMEL, p. 261 et p. 370.
(3) Voir *infra*, p. 49.

*errores Græcorum* (1). A l'encontre d'Anselme, il s'appuie peu sur les arguments rationnels et fait surtout appel au témoignage des Pères. La note caractéristique de cet ouvrage tenait à l'emploi très abondant que Thomas faisait des Pères orientaux. Un grand nombre de citations de saint Athanase, de saint Cyrille d'Alexandrie, de saint Basile, de saint Grégoire de Nazianze, de saint Epiphane montrait que la procession *ab utroque* n'était pas une nouveauté. Le malheur voulut que plusieurs de ces textes fussent apocryphes (2).

En 1274 le pape Grégoire X convoqua à Lyon un concile œcuménique pour y réaliser l'union désirée. Les Grecs acceptèrent le *Filioque* et le chantèrent avec les Latins à la messe solennelle. Le décret du concile affirmait la doctrine :

« Nous reconnaissons et « professons avec foi et dé- « votion que le Saint-Esprit « procède éternellement du « Père et du Fils, comme « d'un seul et non de deux « principes, par une seule « et non deux aspirations. »

« Fideli ac devota pro- « fessione fatemur quod Spi- « ritus Sanctus œternaliter « ex Patre et Filio, non tan- « quam ex duobus princi- « piis, sed tanquam ex uno « principio, non duabus spi- « rationibus, sed unica spi- « ratione procedit. »

Dix ans après, l'Orient était retombé dans le schisme.

### § 4. — Le concile œcuménique de Florence (1439).

Entre autres questions, le concile de Bâle, en 1431, avait inscrit à son programme la réunion de l'Eglise grecque. Les Orientaux s'y firent représenter et deman-

(1) TURMEL, p. 261 et 370.
(2) TURMEL, p. 371, — voir la controverse à ce sujet : *Revue thomiste,* 1904, n° 2, p. 208, et *Revue du clergé français,* 1904, n° 231, p. 292.

dèrent le choix d'une ville moins éloignée. On acquiesça à leur désir et, en 1438, le concile fut transféré à Ferrare. La peste, qui fit son apparition dans cette ville, après la seizième session, obligea le concile à se transporter à Florence (1439). L'empereur grec Jean Paléologue, Joseph, le patriarche de Constantinople, et plusieurs évêques d'Orient étaient présents. La discussion s'engagea sur les principaux points qui faisaient l'objet du différend ; le *Filioque* surtout donna lieu à de longs et de vifs débats. Huit séances y furent consacrées. « Deux « orateurs occupèrent à eux seuls la tribune : Marc « d'Ephèse du côté des Grecs, et le théologien Jean du « côté des Latins. La bataille fut engagée presque exclu- « sivement autour des noms de saint Epiphane, de saint « Basile et de saint Cyrille d'Alexandrie. Marc s'efforça « d'arracher ces trois grands docteurs à Rome, qui les « présentait comme ses plus fermes appuis... » (1) La discussion terminée, l'archevêque de Nicée « Bessarion « démontra qu'aucun désaccord réel n'avait pu se pro- « duire entre les docteurs grecs et les docteurs latins ; « que, par conséquent, au lieu d'opposer leurs textes « les uns aux autres, on devait les concilier les uns avec « les autres ; et que, dans cette œuvre de conciliation, « on devait avoir soin d'interpréter et d'éclaircir les « expressions obscures par les expressions nettes et « précises... (il) montra que la formule chère aux Pères « grecs *du Père par le Fils* était en somme l'équivalent « de la formule latine *du Père et du Fils* (2) ».

L'accord se fit ; à l'exception de Marc, archevêque d'Ephèse, tous les Grecs présents signèrent le décret.

---

(1) Turmel, p. 374. — L'auteur y donne un résumé fort inté- ressant de la discussion entre Marc et Jean sur les textes des Pères grecs.

(2) *Ibid.*, p. 380.

« Au nom de la Sainte
« Trinité,... avec l'approba-
« tion de ce saint concile
« œcuménique de Florence,
« nous définissons comme
« vérité de foi pour tous les
« chrétiens... que le Saint-
« Esprit est éternellement
« du Père et du Fils, qu'il
« tient à la fois du Père et
« du Fils son essence et son
« être et qu'il procède éter-
« nellement de l'un et de
« l'autre comme d'un seul
« principe et d'une seule as-
« piration. »

« In nomine sanctæ Tri-
« nitatis... hoc sacro uni-
« versali approbante Floren-
« tino concilio, definimus
« ut hæc fidei veritas ab
« omnibus christianis cre-
« datur..... quod Spiritus
« sanctus ex Patre et Filio
« æternaliter est, et essen-
« tiam suam suumque esse
« subsistens habet ex Patre
« simul et Filio, et ex utro-
« que æternaliter tanquam
« ab uno principio et unica
« spiratione procedit. »

L'union ne fut pas réalisée pour longtemps ; bientôt
la division reparut. Cependant, depuis le concile de
Florence, cette union n'a jamais été dénoncée officielle-
ment et, si grand que soit le nombre des dissidents, on
est en droit d'estimer leur séparation comme une erreur
ou une défaillance personnelle et non comme un schisme
déclaré de toute l'Eglise grecque.

# CHAPITRE V



Unité de Dieu ; — trinité des personnes ; — divinité du Verbe, égal et consubstantiel au Père qui l'engendre de toute éternité ; — divinité du Saint-Esprit, égal et consubstantiel au Père et au Fils ; — procession du Saint-Esprit, qui émane du Père et du Fils comme d'un principe unique ; tels sont les cinq stades successifs du développement de la doctrine trinitaire.

Il ne semblera pas inutile de mentionner rapidement la contribution que la théologie didactique de saint Augustin et des grands théologiens du Moyen Age a fournie à l'exposition et à l'éclaircissement de ce dogme fondamental.

## Art. 1.

### Saint Augustin (354-430).

Déjà Tertullien (1) avait tenté, non sans quelque succès, une explication de la Sainte Trinité et créé, en quelque sorte, la terminologie latine ; c'est à saint Augustin (2)

(1) Voir *supra*, I, p. 24.
(2) Bardenhewer, II, p. 395 et suiv. ; Schwane, II, p. 265 et suiv. ; *Doct. de théol. cath.*, I, col. 2.268 et suiv.

cependant que revient l'honneur d'avoir le mieux approfondi ce mystère et d'en avoir, pour ainsi dire, orienté les développements doctrinaux. Il mit près de seize ans (400-416) à composer les quinze livres de son traité *De Trinitate* qui « contiennent tout ce qui a été pensé de « plus profond et de plus exact sur ces questions par « les docteurs de l'Eglise primitive (1) ». Une première partie est consacrée à l'exposé du dogme et à la réfutation des objections faites soit au nom des Saintes Ecritures, soit au nom de la raison (liv. I-VII). Dans la seconde partie, qui comprend les derniers livres (VIII-XV), Augustin entreprend l'étude du mystère et essaie d'en sonder les profondeurs. Il découvre des analogies dans l'âme qui se connaît et qui s'aime (l. IX), dans les trois facultés de l'être raisonnable, mémoire, intelligence et volonté (l. X); dans la vision corporelle (l. XI); dans les trois ordres de la connaissance, la science, la foi et la sagesse (2) (l. XII, XIII, XIV).

Héritier de la tradition latine qui, en descendant de l'unité de nature à la trinité des personnes, suivait une voie différente de celle prise par les Eglises orientales, il envisage les rapports de la Trinité et de l'unité en Dieu autrement que les Pères d'Orient ne l'avaient fait jusqu'alors : les personnes divines retenaient d'abord l'attention de ceux-ci, et d'elles, ils remontaient à la nature. Augustin considère avant tout la nature divine, la divinité, et continuant son analyse, il la voit s'épanouir, sans succession de temps ou de nature, mais dans un ordre d'origine, en trois personnes. Il découvre et trace ainsi la voie où s'engageront les scolastiques. Il entend donc désigner l'être divin, non par le mot substance, mais

---

(1) Schwane, II, p. 266.
(2) Augustin dit lui-même de ces derniers livres obscurs et très subtils : « Ils sont trop difficiles et je pense que peu de lecteurs peuvent les comprendre. » *Ep.* 169, I, 1.

par celui d'*essence* (1). Cette essence ne doit point être prise comme quelque chose de commun aux trois personnes, ni conçue comme genre ou espèce. L'unité divine ne permet point de se représenter plusieurs individus qui participent à la même essence divine, comme trois statues d'or participent à la même masse d'or ; autre chose est l'or et autre les statues. Dieu est donc absolument un par l'être et en lui l'essence ne se distingue pas de la personne (2). Jusqu'alors, aucun écrivain ecclésiastique n'avait, avec autant de précision, mis en évidence les rapports de la Trinité et de l'unité divine.

En Dieu, continue Augustin, il n'y a point, comme dans les créatures, de composition matérielle. Il résulte de cette simplicité que la paternité, la filiation, la procession ne sont pas réellement distinctes de l'essence divine et qu'une personne ne peut pas être séparée des autres. L'essence divine existe avec une personne, mais aussi avec la Trinité entière. La seule distinction qu'il puisse y avoir entre le Père et le Fils, c'est la relation d'origine, du côté du Père la paternité, du côté du Fils la filiation ; mais dans tout le reste doit régner une parfaite identité. Le Fils ne serait pas en tout égal au Père s'il n'avait reçu de lui la participation à l'aspiration du Saint-Esprit. De même la seule distinction qui existe entre le Saint-Esprit et les deux autres personnes consiste également dans la relation d'origine. Cependant cette personne ne procède point des deux autres comme

(1) *De Trinit.*, VII, 5, 50. « Unde manifestum est Deum abusive substantiam vocari, ut nomine usitatiore intelligatur essentia, quod vere ac proprie dicitur, ita ut fortasse solum Deum dici oporteat essentiam. »

(2) *De Trinit.*, VII, 6, 11. « Non sunt ergo tres species unius essentiæ..... tres personas ejusdem essentiæ vel tres personas unam essentiam dicimus : tres autem personas ex eadem essentia non dicimus quasi aliud ibi sit quod essentia est, aliud quod persona ; sicut tres statuas ex eodem auro possumus dicere ; aliud enim illuc esse aurum, aliud esse statuas. »

de deux principes distincts. « De même que le Père et
« le Fils sont un seul Dieu, et dans leurs rapports avec
« la créature, un seul Créateur, un seul Seigneur, de
« même dans leur relation avec le Saint-Esprit, ils sont
« un seul principe ; cependant vis-à-vis de la créature
« le Saint-Esprit ne fait qu'un seul principe avec le Père
« et le Fils comme ils ne sont qu'un seul Créateur et un
« seul Seigneur » (1). Et par ces derniers mots, il est
clairement exprimé que les opérations *ad extra* sont
l'œuvre indistincte des trois personnes, c'est-à-dire de la
divinité. Dieu n'est donc pas triple. Il est une Trinité et
les divines personnes inséparablement unies se com-
pénètrent mutuellement (2). C'est ce que la théologie ap-
pellera *circumincessio personarum.*

Quand Augustin veut se faire une idée de ce mystère,
il cherche dans la nature des analogies, des vestiges de
la Trinité. Il reprend l'essai de Tertullien (3) et le per-
fectionne. On a dit de lui (4) qu'il « a jeté les fondements
« de la *théorie psychologique des processions.* Dans
« cette conception, systématisée plus tard par Anselme
« et achevée par S. Thomas, l'esprit essaie de pénétrer
« la vie intime de Dieu et, contemplant la nature divine
« douée d'intelligence et de volonté, explique par ces

(1) *De Trinit*, V, 14, 25. « Fatendum est Patrem et Filium
« principium esse Spiritus sancti, non duo principia ; sed sicut
« Pater et Filius unus Deus et ad creaturam relative unus crea-
« tor et unus Dominus, sic relative ad Spiritum sanctum unum
« principium : ad creaturam vero Pater et Filius et Spiritus
« Sanctus unum principium, sicut unus creator et unus Do-
« minus. »

(2) *De Trinit.*, VI, 7, 9. « Nec quoniam Trinitas est ideo tri-
« plex putandus est ;... cum semper atque inseparabiliter et
« ille (Pater) cum Filio sit, et ille cum Patre ; non ut ambo
« sint Pater aut ambo Filius, sed quia semper invicem, neuter
« solus. »

(3) Voir *supra*, t. I, p. 24.

(4) *Dict. de théol. cath.*, I, col. 2.349. — Voir col. 2.351, le tableau des formules et concepts de la Trinité d'après saint
Augustin.

« deux opérations, le nombre et la nature des *proces-*
« *sions* concernant l'origine du Fils et du Saint-Esprit :
« le Fils nait du Père comme Verbe de l'intellection
« divine..... le Saint-Esprit procède du Père et du Fils
« comme le terme substantiel de leur amour..... pro-
« fonde métaphysique que Saint Augustin a inauguré
« par son analyse subtile de l'âme humaine » (1).

### Art. 2.

### *Saint Anselme* (1033-1109).

Ces données fondamentales de l'évêque d'Hippone
trouvèrent d'admirables commentateurs dans les grands
théologiens du Moyen Age qui furent à la fois de pro-
fonds penseurs et des maîtres logiciens.

ANSELME (2), prieur de l'abbaye du Bec, était un esprit spéculatif qui se plaisait dans la contemplation des
idées abstraites et philosophiques. Il écrivit, sous forme
de méditation, le *Monologium* qui était une sorte de
dissertation sur les attributs de Dieu et spécialement sur
la Sainte Trinité. Avec une sagacité remarquable, il ne
procédait que par raisonnements, déductions, démons-
trations et conclusions et, non sans quelque hardiesse,
il traitait rationnellement les choses de la foi.

Bien qu'Anselme pensât « n'y avoir rien dit qui ne
« soit d'accord avec les Pères et surtout saint Augustin
« dans le De Trinitate » (3) cependant « ni les Pères, ni
« Augustin n'avaient rien dit de si précis et de si puis-
« samment raisonné, de si fortement lié sur l'essence et

(1) BOSSUET a clairement, sobrement et fortement exprimé
cette théorie dans ses *Elévations sur les mystères*, 2e semaine
et 12e semaine, 7-16. — *Discours sur l'Hist. universelle*,
2e partie, ch. XIX, et *Sermon sur la Trinité*.
(2) SCHWANE, IV, p. 233 et suiv. — *Dict. de théol. cath.*, I,
col. 1.327 et suiv.
(3) Préface du *Proslogium*.

« les attributs de Dieu ». (1) La raison nous donne la certitude que Dieu le créateur a conçu de toute éternité l'idée de son œuvre (2). Cette pensée invariable n'épuise pourtant pas la connaissance de Dieu. Il y a dans le monde un Verbe de Dieu, c'est-à-dire la pensée que Dieu a de lui-même et qui est l'image la plus parfaite de l'essence divine (3) ; notre seule raison ne pourrait soupçonner que ce Verbe est une personne distincte, sans le secours de la Révélation. La connaissance parfaite, en Dieu, ne va pas sans amour. Le Père et le Fils s'aiment donc d'une manière parfaite et comme ils sont l'essence divine, l'amour divin est un avec elle (4) ; cet amour vient à la fois du Père et du Fils ne faisant pour ainsi dire qu'un, *unum et idem* (5). Cet amour est le Saint-Esprit (6). Il n'en faudrait pas déduire qu'il y a en Dieu trois êtres connaissant et aimant ; car bien qu'on attribue au Fils la connaissance et à l'Esprit l'amour, il n'y a qu'un être qui connaît et est connu, qui aime et est aimé ; c'est-à-dire l'essence divine (7).

« Nous assistons, dit l'abbé Mignon, dans la dernière
« partie du xie siècle, à un développement inattendu de
« la théologie trinitaire ; c'est même la doctrine de la
« Trinité qui, avec le dogme de l'Eucharistie, fit naître
« alors la méthode nouvelle, appelée, dans l'histoire, du
« nom de théologie scolastique... Anselme expose dans
« le *Monologium*, sans rien emprunter à l'Ecriture ou
« à la Tradition, toutes les questions se rattachant au
« mystère de la Sainte Trinité. La génération du Verbe,
« la propriété relative qui distingue le Fils du Père, la

(1) *Dict. de théol. cath*, I, col. 1335.
(2) *Monolog.*, c. xxx.
(3) *Ibid.*, c. xxxi.
(4) *Ibid.*, c. lii.
(5) *Ibid.*, c. liv.
(6) *Ibid.*, c. lvii.
(7) *Ibid.*, c. lxii.

« procession du Saint-Esprit *ex Patre et ex Filio*, son
« caractère d'amour du Père et du Fils, la consubstantia-
« lité parfaite, l'inexistence mutuelle des personnes,
« l'unité de la divinité, malgré la pluralité des subs-
« tances, enfin les analogies fournies par l'expérience et
« la raison, tout cela est présenté avec une force qui
« révèle le merveilleux génie du grand philosophe chré-
« tien » (1).

Quelques années après le Monologium, il advint que
ROSCELIN, chanoine de Compiègne, fut accusé de professer des opinions trithéistes (2). Il enseignait qu'il n'y
avait de réalité que dans les individus, et que les idées
générales de genre, d'espèce, etc. ou *universaux* n'étaient
que des mots auxquels ne correspondait rien de réel. La
querelle des *nominalistes* et des *réalistes* s'étendit jusqu'à la doctrine trinitaire. Incapable de concevoir l'idée
abstraite comme telle, Roscelin concluait de la distinction réelle des personnes divines à leur distinction substantielle. « Si l'usage le permettait, affirmait-il témé-
« rairement, on pourrait dire que le Père, le Fils et le
« Saint-Esprit sont trois dieux » (3). Il n'y aurait entre
eux qu'une unité morale, l'unité de volonté et de puissance ; séparés l'un de l'autre, ils auraient chacun leur
être à part comme trois anges ou trois âmes « *Tres sunt*
« *res, unaquæque per se separatim, sicut tres angeli*
« *aut tres animæ, ita tamen ut potentia et voluntate*

(1) Abbé MIGNON : *Les origines de la Scolastique*, p. 281.

(2) Le *Trithéisme* ne fut à aucun moment de l'histoire une
doctrine accréditée, mais plutôt l'hérésie personnelle de quelques philosophes. Il fut professé à Constantinople, au vi⁰ siècle,
par le monophysite ASCUNAGÈS, qui, confondant la nature et la
personne, voyait en Dieu trois substances distinctes ; — à Alexandrie, au vii⁰ siècle, par le philosophe *Jean Philoponos* qui, appli-
quait à la Trinité les notions aristotéliciennes, de genre, d'espèce et d'individu, et ne concevait qu'une unité *spécifique* de
nature entre les trois personnes divines.

(3) S. ANSELME, *de Incarn. Verb.* cap. I.

« *idem sint omnino* » (1). Il ajoutait que si, en Dieu, les trois personnes ne faisaient qu'un, il faudrait dire que le Père et l'Esprit se sont incarnés avec le Fils.

Anselme, alors abbé du Bec, entreprit, dans une lettre, la réfutation de ces erreurs ; mais, à la suite de la soumission de Roscelin, qui se rétracta au concile de Soissons (1092), il abandonna cet ouvrage. Réfugié en Angleterre, le chanoine de Compiègne reprit sa doctrine et amena Anselme, alors archevêque de Cantorbéry, à donner sa réfutation dans le *Liber de fide Trinitatis et de Incarnatione Verbi* (1093 ou 1094). Le prélat fait remarquer que, dans l'étude des mystères, la raison ne doit pas s'isoler des données de la Révélation, sous peine de courir le danger d'aboutir à des conclusions erronées. Il démontre à Roscelin que son hérésie provient de la confusion des notions de personne et de nature. Par le nombre comme par l'essence il n'y a qu'un Dieu (2). Faut-il en tirer la conséquence que l'unité divine des personnes ne réside que dans l'unité de puissance et de volonté ? mais c'est faire de Dieu un être composé, et nier sa simplicité c'est nier sa divinité : ou les trois personnes sont Dieu, comme trois hommes sont homme parce qu'ils ont chacun la nature humaine, et alors il y a trois dieux ; — ou l'unité divine repose en ce qu'il y a de commun entre les personnes et ce ne peut être que l'essence. L'unité de volonté et de puissance est insuffisante et par elle on fait de Dieu un être composé (3). Cette distinction des personnes suffit, sans qu'il faille diviser l'essence, pour que l'incarnation soit réservée au Verbe. Nul besoin n'est de soutenir ou que les trois per-

(1) *De Inc. Verb.* cap. i.

(2) *De Inc. Verb.* c, iii. « Credimus enim et dicimus quia Deus « est Pater et Deus est Filius ; et conversim Pater est Deus, et « Filius est Deus ; et tamen nec credimus nec dicimus plures esse « deos, sed ita unum esse Deum *numero sicut natura.* »

(3) *Ibid.*, cap. iii.

sonnes sont trois substances, ou que, substance unique, le Père et le Saint-Esprit ont dû s'incarner avec le Fils. La nature humaine n'a pas été unie à la nature divine en une seule nature *in unitatem naturæ*, mais en une seule personne *in unitatem personæ* (1). D'ailleurs l'Incarnation convenait mieux au Verbe : image du Père, il reproduisait la copie dans l'homme ; et, Fils de Dieu, il devenait encore Fils de l'homme.

Enfin, comme on l'a déjà vu (2), Anselme intervint dans la querelle du *Filioque* par son traité *De processione Spiritus Sancti contra Græcos*. Fidèle à sa méthode *fides quærens intellectum* (3), la foi qui cherche à comprendre, l'application de la raison à l'étude de la foi, Anselme ne fait guère usage que de la dialectique dans cet ouvrage. Puisqu'il y a une distinction personnelle entre le Fils et le Saint-Esprit, il y a aussi une relation d'origine, à moins d'admettre que le Père eût deux Fils, ce qui est en contradiction avec la Révélation. Or le Fils ne vient pas de l'Esprit ; donc c'est l'Esprit, appelé dans l'Ecriture l'Esprit du Fils, qui vient du Fils (4). S'il procède du Père, c'est du Père en tant que Dieu et par suite du Fils, puisque le Père en tant que Dieu contient le Fils (5). Il y a par conséquent non point un double, mais un unique principe de procession (6). Il ne faut point dire non plus que la Sainte Ecriture ne fait dépendre le Saint-Esprit que du Père, puisqu'en plusieurs endroits elle le met en dépendance du Fils. Cela fut-il vrai, qu'il

(1) *De Inc. Verb.*, cap. IV.
(2) Voir *supra*, p. 20.
(3) Titre primitif du *Proslogium.*
(4) Cap. IV.
(5) Cap. VII.
(6) Cap. XVIII. « Quod si dicunt non eum esse posse de duabus « causis, sive ex duobus principiis, respondemus quoniam sicut « non credimus Spiritum Sanctum esse de hoc, unde duo sunt « Pater et Filius, sed de hoc, in quo unum sunt. »

y aurait à remarquer que l'objet certain de la foi n'est
pas seulement tout ce qui est explicitement formulé dans
les saints Livres, mais encore tout ce qui s'en dégage
comme conclusion raisonnablement nécessaire (1). Et
que si l'Eglise latine a ajouté au symbole le *Filioque*
sans le concours de l'Eglise grecque, on doit penser que
des circonstances locales peuvent rendre indispensable
la précision d'un texte de foi ; d'ailleurs cette addition
fut introduite avec l'approbation de l'Eglise de Rome (2).

## *Art. 3.*

### *Les erreurs d'Abélard (1079-1142).*

Disciple de Roscelin, ABÉLARD (3) fut incontestable-
ment l'un des hommes les plus savants de son temps.
S'il n'a point créé la méthode scolastique, il a du moins
largement contribué à son développement. « Ce ne fut
« pas un grand homme, ce ne fut même pas un grand
« philosophe, mais un esprit supérieur, d'une subtilité
« ingénieuse, un raisonneur inventif et un critique pé-
« nétrant » (4). C'est dans sa méthode qu'il faut chercher
l'origine de toutes ses erreurs. Il posait en principe
qu'on ne peut croire ce qu'on ne comprend pas (5).
Comme Origène, avec lequel il n'est pas sans quelques

(1) C. xx : « Quare non tantum suscipere cum certitudine de-
« bemus quæ in sacra Scriptura leguntur ; sed etiam ea quæ ex
« his, nulla alia contradicente ratione, rationabili necessitate
« sequuntur. »

(2) Cap. xxii.

(3) SCHWANE, IV, p. 243 et suiv. — *Dict. de théol. cath.*, I, col.
36 et suiv.

(4) DE RÉMUSAT : *Abélard*, I, p. 273.

(5) *Historia calamitatum* : Nec credi posse aliquid, nisi
prius intellectum. VACANDARD fait remarquer avec raison que
cette formule est équivoque : « Qu'on ne puisse croire une pro-
« position inintelligible, c'est évident ; mais qu'on ne puisse
« croire une vérité qu'on ne comprend pas, c'est une erreur et
« une hérésie. » *Dict. de théol. cath.*, II, col 762.

affinités et qui mêla ses spéculations philosophiques aux choses de la foi, il prétendait conduire ses disciples à la théologie chrétienne par la seule philosophie et essayait, avec le seul secours de la raison, de rebâtir tout l'édifice des vérités religieuses et d'expliquer les mystères. Ce rationalisme inconscient le devait mener à l'hérésie.

Il entreprit de réfuter le trithéisme de Roscelin et entama avec son ancien maître une polémique des plus violentes, à la suite de laquelle son traité *De Unitate et Trinitate divina*, où il s'affirmait nettement modaliste et subordinatien, fut dénoncé et brûlé au concile de Soissons (1121). Malgré cette condamnation, il en donna une seconde édition, revue et augmentée dans sa *Theologia christiana*. Et il inséra des chapitres entiers de ce dernier ouvrage dans son œuvre la plus importante *Introductio ad theologiam*, sorte de Somme théologique, la première, semble-t-il, qui tenta de synthétiser la doctrine catholique, divisée en trois parties : 1° De la foi et des mystères ; — 2° des sacrements et de l'incarnation ; — 3° de la charité.

« La Trinité, écrivait Abélard, est une des vérités que « tous les hommes croient naturellement (1) — on ne « croit pas à une vérité de foi parce que Dieu l'a dite, « *nec quia Deus hoc dixerat, creditur*, mais parce que « la raison est convaincue » (2). Et pour donner l'intelligence du mystère de la sainte Trinité il expose son système. Il ne voit dans les trois personnes que trois attributs de la divinité : puissance, sagesse et bonté ; et ainsi il nie implicitement la distinction réelle des personnes en les résolvant en de simples modalités. Le Père est la puissance, le Fils la sagesse, l'Esprit l'amour (3). Par la gradation qu'il prétend noter dans les personnes

----

(1) *Théolog. chr.*, l. V.
(2) *Introduct.*, l. II.
(3) *Théolog. chr.*, l. IV.

et la subordination qu'il établit dans leurs rapports, il détruit toute égalité d'essence ; au Père est réservée la puissance, au Fils la sagesse qui est une certaine puissance puisqu'il est engendré, au Saint-Esprit la bonté qui n'est ni puissance ni sagesse (1). En conséquence, le Saint-Esprit qui vient du Père comme le Fils, ne vient pas de la substance du Père comme le Fils ; autrement il serait lui aussi engendré et il n'y aurait point de différence entre la génération et la procession (2). Et pour mieux faire concevoir le mystère, Abélard prenait comme termes de comparaison entre le Père et le Fils, les idées de genre et d'espèce, de matière indéterminée et d'individu, d'homme et d'animal, d'airain et de sceau d'airain (3). Ainsi comprise, la Trinité d'Abélard pouvait bien, comme il le prétendait, devenir accessible aux juifs et aux païens (4) ; mais ce n'était plus la doctrine catholique.

Vers 1138, son enseignement recommença à émouvoir les maîtres de théologie. Guillaume, abbé de Saint-Thierry, près Reims, jeta le cri d'alarme et saint Bernard, non sans vigueur, mena le combat. On regrettera toujours que le saint ait manqué de mesure ; quels qu'aient été les torts d'Abélard, les injures personnelles étaient un superflu peu sacerdotal dont l'abbé de Clairvaux n'eut que gagné à s'abstenir (5). Un concile, pro-

---

(1) *Théolog. chr.*, IV. — *Introd.*, I.
(2) *Introd.* II.
(3) *Théolog. chr.*, III, — *Introd.*, II.
(4) *Théolog. chr.*, IV : « cum istud nemo discretus ambigat, « sive Judæus, sive Gentilis : nemini hæc fides deesse videtur, « quod et nos quidem concedimus sequentes apostolum qui ait : « quod notum est Dei, manifestum est illis. »
(5) « Magister Petrus Abailardus, écrit-il à un cardinal, sine « regula monachus, sine sollicitudine prælatus, nec ordinem « tenet, nec tenetur ab ordine. Homo sibi dissimilis est : intus Herodes, foris Joannes, totus ambiguus, nihil habens de monacho præter nomen et habitum.... nihil nescit omnium quæ in cœlo et quæ in terra sunt præter seipsum. » *Epist.*,

voqué par Abélard lui-même qui voulait se disculper, se
tint à Sens, vers 1140 ou 1141 (1). Bernard hésita à s'y
rendre et à engager la lutte contre le théologien. Pressé
de venir soutenir la cause de la vérité, il devint le rap-
porteur du concile et catalogua les propositions suspectes
qui furent condamnées et adressées au pape Innocent II.
Les articles rejetés comme hérétiques et relatifs à la
Sainte Trinité étaient ainsi formulés :

« 1° Le Père est la puissance complète, le Fils est une
« certaine puissance, le Saint-Esprit n'est nullement une
« puissance.

« 2° Le Saint-Esprit n'est pas de la substance du Père
« et du Fils. »

. . . . . . . . . . . . . . . . . . . . . . . .

« 14° Au Père qui ne procède d'aucun autre, appar-
« tient en propre ou d'une manière spéciale l'opération,
« mais non la sagesse et la bonté. »

En même temps que ces *Capitula*, Bernard envoyait
au Pape une longue lettre (2) où étaient exposées les
théories du novateur. « Cette composition a été juste-
« ment placée parmi les meilleures de son auteur. On
« lui a cependant reproché de n'embrasser pas dans leur

193. — Il adresse à Guy de Castello, le futur pape Célestin II,
les lignes suivantes : « Magister Petrus in libris suis profanas
« vocum novitates inducit et sensuum, disputans de fide contra
« fidem, verbis legis legem impugnat. Nihil videt per speculum
« et aenigmate, sed facie ad faciem omnia intuetur, ambulans in
« magnis et in mirabilibus super se. Melius illi erat si, juxta
« titulum libri sui (Allusion à l'ouvrage *Scito seipsum*) sei-
« psum cognosceret, nec egrederetur mensuram suam, sed sape-
« ret ad sobrietatem. Ego eum non accuso apud patrem ; est
« qui eum accuset, liber suus, in quo sibi male complacuit. Cum
« de Trinitate loquitur, sapit Arium ; cum de gratia, sapit Pe-
« lagium ; cum de persona Christi sapit Nestorium... » *Ep.*,
192, voir *Ep.*, 181, 331 à 336 et 338.

(1) *Dict. de théol. cath.*, I, col. 37, donne la date de 1141 et
au tome II, col. 759, celle de 1.140.

(2) *Ep.*, 190.

« ensemble les doctrines d'Abélard. On ne saurait au
« moins méconnaître qu'elle ait frappé juste. Ce que
« Bernard dénonce, c'est l'abus de la méthode spécula-
« tive qui forme le caractère et le péril de la théologie
« d'Abélard (1). » Par deux rescrits datés du 16 juillet,
Innocent II ratifiait la sentence du concile de Sens, condamnait Abélard comme hérétique, ordonnait de l'en-
fermer dans un monastère et de faire brûler ses livres.
Abélard se réfugia auprès de Pierre le Vénérable, qui
l'accueillit à Cluny avec bonté et lui facilita sa rétracta-
tion. Il mourut quelque temps après (1142) ayant édifié,
par sa pénitence, sa soumission et ses vertus, son hôte
charitable, qui fit de lui un magnifique éloge.

*Art. 4.*

*Le Trithéisme de Gilbert de la Porrée et de Joachim<br>
de Flore. — Le 4ᵉ concile de Latran.*

Quelque temps après GILBERT DE LA PORRÉE (2),
évêque de Poitiers (1142-1154), écrivait ses *Commentaria
in libros Boëtii de Trinitate* (3). Un des plus éminents
parmi les docteurs de l'école réaliste, il professait sur la
Trinité une doctrine contraire à la simplicité de Dieu.
De ce principe que l'essence est distincte de l'être, qu'elle
en est la forme, il concluait que la divinité n'est pas
Dieu, mais la forme par laquelle Dieu est, *divinitas est
forma qua est Deus, sed ipsa non est Deus.* Il allait
plus loin. Trois hommes participent à la même huma-
nité, mais ne sont point une seule et même substance.

_________

(1) *Dict. de théol. cath.*, II, col. 760.
(2) SCHWANE, IV, p. 190 et suiv.
(3) BOÈCE (? 470-524) avait composé plusieurs opuscules théo-
logiques, entre autres : *De sancta Trinitate* et *Utrum Pater
et Filius et Spiritus Sanctus de divinitate substantialiter præ-
dicentur. Dict. de théol. cath.*, II, col. 918 et suiv. Voir *infra*,
p. 44.

Ainsi en Dieu, la divinité ou l'essence divine étant une réalité en soi, les trois personnes participent à la même divinité, mais elles ne sont pas numériquement un seul Dieu. C'était admettre trois dieux et une sorte de quaternité, dans la divinité logiquement et réellement distincte des personnes.

Déjà au concile de Sens, Abélard avait signalé l'étrangeté de cette doctrine. Dénoncé au pape Eugène III par deux de ses archidiacres et attaqué par saint Bernard, l'évêque de Poitiers fut cité devant le concile de Paris en 1147 ; mais les membres du concile n'étant pas en possession de son ouvrage suspendirent leur sentence. L'affaire fut reportée au concile qui se tint l'année suivante, 1148, à Reims, sous la présidence effective du Pape. Après un débat orageux, Gilbert se rétracta et Bernard rédigea la profession de foi par laquelle le concile définissait la simplicité de Dieu. Ce n'en était point fini cependant avec le Trithéisme.

Parallèlement à l'école théologique d'Abélard, l'abbaye de Saint-Victor, à Paris, représentée par Hugues (1096 1141), Richard († 1173) et Adam († 1177 ou 1192), concourait au triomphe de la méthode scolastique. Si « d'une part, c'est bien à l'école d'Abélard que « sont dus principalement les trois perfectionnements « essentiels de la nouvelle théologie : l'idée de conden- « ser dans une *Somme*, digne de ce nom, la synthèse « de toute la théologie ; — l'introduction des procédés « plus sévères de la dialectique ; — et la fusion de l'éru- « dition patristique avec la spéculation rationnelle,..... « d'autre part, seule, l'école de Saint-Victor eut la gloire « de sauver la nouvelle méthode mise en grand péril « par les témérités doctrinales d'Abélard (1) ».

Formé par les Victoriens, Pierre Lombard, né à No-

_____________

(1) *Dict. de théol. cath.*, I, col. 54.

vare en Lombardie, — qui tenait son surnom de son origine et devait mourir évêque de Paris (1150-1160), — subit cependant l'influence d'Abélard. Au dire de son disciple, Jean de Cornouailles, il consultait fréquemment l'*Introductio ad theologiam* (1). Il composa une sorte de manuel classique de théologie : les *Sentences*. A partir d'Alexandre de Halès, cet ouvrage devait, avec la Sainte Ecriture, servir de texte aux professeurs et être commenté par la plupart des grands scolastiques (2). Il comprenait quatre parties, quatre divisions qui seront classiques : 1° Dieu et la Trinité ; — 2° Création et chute ; — 3° Incarnation, Rédemption et vertus ; — 4° Sacrements et fins dernières. Le *Maître des Sentences* suivait la méthode inaugurée par l'école d'Abélard et faisait sa part à l'argument de tradition, à l'étude des textes, des *Sentences* des Pères, dans une exposition qui n'était plus exclusivement dialectique.

A propos de la Sainte Trinité, Pierre Lombard se posait, entre autres, cette quadruple question : Est-ce le Père qui engendre l'essence divine ? ou l'essence divine qui engendre le Fils ? l'essence engendre-t-elle l'essence ? ou l'essence ne peut-elle ni engendrer, ni être engendrée (3) ? On ne peut pas dire, répondait-il, que le Père ait engendré un autre Dieu, ni que Dieu ait engendré Dieu ; ce serait le dithéisme. Si l'essence s'engendrait elle-même, Dieu s'engendrerait lui-même, ce qui est absurde. D'autre part le Fils n'est point engendré par l'essence, mais par le Père (4) ; l'essence ne peut ni engendrer, ni être engendrée, car elle devrait engen-

(1) Schwane, IV, p. 250.
(2) « Eulogium ad Alexandrum III. »
(3) Il n'aurait pas eu, paraît-il, moins de 244 commentateurs.
(4) *Dist.*, 5. « An Pater genuit divinam essentiam, vel ipsa « Filium, an essentia genuit essentiam, vel ipsa nec genuit, nec « genita est ? »

drer une essence égale à elle-même. Que si l'on dit que le Fils est engendré de la substance du Père, il faut l'entendre qu'il est engendré, ni du néant, ni par la volonté libre du Père, mais du Père d'après son essence ; mais l'essence divine est une, simple, non composée de personnes. Quoique distinctes entre elles, les personnes ne font qu'un avec l'essence et ne s'en distinguent pas.

Cette doctrine assez obscure fut attaquée par un mystique, quelque peu visionnaire, JOACHIM, abbé de FLORE (1) en Calabre (1130-1202), qui, pour la réfuter, écrivit son traité *De Unitate seu essentia Trinitatis*. Considérant comme hérétique la proposition que l'essence n'est ni engendrant, ni engendrée, il accusait Pierre Lombard d'admettre une véritable quaternité, les trois personnes et la substance. Précisément, le Maître des Sentences réprouvait toute distinction réelle entre la personne et l'essence. Le reproche tombait à faux. Joachim ne s'en tenait pas là. Il regardait la substance comme une simple entité collective et nominale, qui n'a rien de réel. De même que plusieurs hommes forment un peuple, plusieurs fidèles l'Eglise, de même les trois personnes divines forment un Dieu ; c'était retomber dans le Trithéisme, rompre l'unité numérique de l'essence divine, que de concevoir trois entités totalement distinctes sous tous les rapports.

RICHARD DE SAINT-VICTOR (2) prit part à la controverse. Tout en se prononçant contre Pierre Lombard, il ne crut pouvoir accepter les expressions de Joachim. Dans son ouvrage *Libri 6 de Trinitate*, il essaie de faire découler de l'amour, comme d'un principe fondamental, la Trinité divine. L'amour de Dieu, pour être parfait, a besoin de réciprocité, d'une seconde personne qui en soit

(1) SCHWANE, IV, p. 252.
(2) SCHWANE, IV, 254.

l'objet et qui soit égale à Dieu (1). Il n'y aura réciprocité que si l'aimant et l'aimé ont une même essence (2). Pour atteindre la pleine félicité, l'amour doit avoir la joie de faire participer à son bonheur et l'amour divin goûtera cette joie en faisant jouir une troisième personne de cet amour réciproque (3).

Le quatrième concile de Latran (1215), qui fut le douzième œcuménique, condamna le trithéisme de Joachim et donna raison au Maître des Sentences. Quatre cent douze évêques, plus de huit cents abbés, les ambassadeurs des grandes puissances, étaient réunis sous la présidence du pape Innocent III. Parmi les trente canons rédigés, le deuxième visait spécialement le livre de l'abbé de Flore et approuvait expressément la doctrine de Pierre Lombard, dont la formule était érigée en dogme de foi :

« Sur l'approbation du » sacré Concile, nous croyons et confessons avec » Pierre Lombard, que c'est » une seule et même souveraine chose, incompréhensible et ineffable, qui » est vraiment le Père, le » Fils et le Saint-Esprit ; à » la fois trois personnes, et » en particulier chacune » d'elles. Aussi n'y a-t-il en » Dieu qu'une Trinité et » non une quaternité, c'est-» à-dire cette chose, à la » fois chacune des trois personnes, substance, es-

» Nos autem, sacro approbante Concilio, credimus et confitemur cum » Petro Lombardo, quod una » quædam summa res est, » incomprehensibilis quidem et ineffabilis, quæ » veraciter est Pater et » Filius et Spritus sanctus ; » tres simul personæ, ac sigillatim quælibet earumdem ; et ideo solummodo » Trinitas est, non quaternitas : quia quælibet » trium personarum est illa » res, videlicet, substantia, » essentia, seu natura di-

_________

(1) *De Trinit.*, III, c. XXIII.
(2) *Ibid.*, c. VII.
(3) *Ibid.*, c. XI.

» sence, ou nature divine, » seul principe de tout, à » l'exclusion de tout autre, » ni engendrant, ni engen- » dré, ni procédant; car » c'est le Père qui engendre, » le Fils qui est engendré, » et le Saint-Esprit qui pro- » cède; et ainsi il y a dis- » tinction des personnes et » unité de nature . . . . . .

» ... Si donc quelqu'un » osait soutenir ou approu- » ver, sur ce point, l'opinion » ou la doctrine du susdit » Joachim, que tous le fuient » comme un hérétique. »

» vina : quæ sola est univer- » sorum principium, præter » quod aliud inveniri non » potest : et illa res non est » generans, neque genita, » nec procedens, sed est Pa- » ter qui generat, et Filius » qui gignitur, et Spiritus » Sanctus, qui procedit; ut » distinctiones sint in per- » sonis, et unitas in natura.

» ... Si quis igitur senten- » tiana vel doctrinam præ- » fati Joachim in hac parte » defendere vel approbare » præsumpserit, tanquam » hæreticus ab omnibus » evitetur. »

## *Art. 5.*

### *Les grands Maîtres de la Scolastique.*

Au xiii<sup>e</sup> siècle, qui devait marquer l'apogée de la théologie scolastique, une orientation nouvelle se manifeste dans les écoles et les universités. Jusque-là on ne connaissait d'Aristote que les quelques parties de sa logique, traduites en latin par Boëce (1). Les événements politiques, qui mirent l'Occident en contact avec les Grecs et les Arabes, contribuèrent à la diffusion des œuvres du Stagyrite. Par les philosophes arabes d'Espagne en particulier, elles pénétrèrent en Europe. Il en fut fait des traductions latines (2). Et au début du xiii<sup>e</sup> siècle, la philosophie péripatéticienne avait droit de

(1) Les Catégories et l'Interprétation.
(2) On évalue à 300 le nombre des livres et traités traduits de l'arabe en latin à cette époque.

cité dans les écoles. Le résultat « fut non seulement
« une transformation de la théologie, quant à l'ex-
« position, à la forme et quant à l'introduction de
« vérités philosophiques dans la théologie pour faciliter
« l'explication précise des vérités de la foi, mais encore
« une réconciliation de la philosophie et de la théo-
« logie » (1).

Le premier, le franciscain ALEXANDRE DE HALÈS (2),
(† 1245) mit en œuvre et utilisa la philosophie d'Aristote. Professeur émérite, il fut le précurseur des trois
grands théologiens du Moyen Age, Albert le Grand,
saint Bonaventure et saint Thomas d'Aquin. Son *Uni-
versæ Theologiæ Summa*, visiblement inachevée, est
inspirée, dans son ensemble, des *Sentences* de Pierre
Lombard. Dans la première partie, il traite de Dieu et
de la Trinité ; — dans la deuxième, de la création des
Anges, de l'homme et du péché ; — dans la troisième,
du Christ, Incarnation, lois, Décalogue, grâce, vertus ;—
dans la quatrième, des Sacrements et des fins dernières (3). L'ouvrage d'Alexandre de Halès marque cependant
dant un progrès sur le *Livre des Sentences* par la méthode moins oratoire que celle « usitée avant lui... il par-
« tage la matière en autant de divisions et de subdivi-
« sions qu'il en faut pour l'épuiser et que l'exige une
« complète clarté ; il étudie enfin chaque membre de ces
« subdivisions à part. Dans chaque article, il énumère
« séparément toutes les autorités qui militent en faveur
« d'une solution et toutes celles qui militent en faveur
« d'une solution contraire ; il propose ensuite sa solu-

_______________

(1) SCHWANE, IV, p. 63. — *Dict. de théol. cath.*, I, col. 1870
et suiv.

(2) SCHWANE, IV, p. 68 et suiv. ; — p. 260 et suiv. ; *Dict. de
théol. cath.*, I, col. 772 et suiv.

(3) Alexandre donne lui-même cette division dans le pro-
logue de la 3e partie.

« tion; il termine en revenant sur les autorités
« contraires énumérées au début, pour les combattre et
« le plus souvent pour les expliquer. On reconnaît la
« méthode suivie constamment par saint Thomas,
« d'Aquin et dont Alexandre de Halès peut être
« regardé comme le père » (1). Aux essais de *Somme*,
tentés depuis Abélard, il apporte une large contribution, par l'inauguration de la méthode, le classement
des matériaux, les horizons qu'il ouvre sur des questions nouvelles, sans d'ailleurs leur trouver une solution définitive. Il prépare ainsi la synthèse de la théologie, mais ne la réalise pas lui-même.

Son traité de la Trinité (2) n'offre rien de bien particulier. Il reprend la doctrine de Pierre Lombard et en-
seigne qu'en Dieu la distinction entre l'essence et la personne n'est pas une distinction réelle, *secundum rem*,
mais logique, *secundum intelligentiam rationis*, tandis
qu'au contraire la distinction des personnes entre elles
est une réalité (3). Déjà Boëce (4) dans son *Liber contra
Eutychen et Nestorium* (5), avait défini la nature : « ce
« qui caractérise chaque chose et la distingue spéciale-
« ment de toute autre, *natura est unamquamque rem
« informans, specifica differentia* » et la personne : « une
« nature, substantielle, individuelle et raisonnable, *per-
« sona est naturæ rationalis individua substantia* (6) ».
Cette dernière définition devait devenir classique au

(1) *Dict. de théol. cath.*, I, col. 779.
(2) *Summa Théol.*, I, q. 42 à 74.
(3) *Ibid*, I, q. 42, memb. 7, art. 2 « Et ratio hujus est, quia ille
« existentiæ modus facit differentiam personæ, non personæ ad
« essentiam. »
(4) Voir *supra*, p. 37, note 3.
(5) On le désigne aussi sous le titre *De persona et duabus na-
turis*.
(6) Schwane, II, p. 561 et suiv. — *Revue d'Histoire et de Lit-
térature religieuse*, nov. 1903, p. 589. Tixeront, *Des concepts de
nature et de personne dans les Pères et écrivains*, etc.

Moyen Age. Richard de Saint-Victor cependant la trouvait incomplète, parce qu'en Dieu elle pouvait aussi bien s'appliquer à l'essence qu'à la personne (1). Il proposait donc de définir la personne, en général : « ce qui existe « par soi, suivant un mode propre d'existence raison- « nable, *persona est existens per se solum juxta singu-* « *larem quemdam rationalis existentiæ modum* » ; et la personne divine, en particulier : « l'existence incommu- « nicable de la nature divine, *persona divina est divinæ* « *naturæ incommunicabilis existentia* ». Alexandre de Halès, pour distinguer en Dieu la personne de l'essence, emprunte à Richard de Saint-Victor (2) ses deux défi- nitions et les fond en une seule, sans même prendre la peine de les démarquer : « la personne est l'existence incommunicable d'une nature raisonnable ou ce qui existe par soi suivant un mode propre d'existence, « *persona est existentia incommunicabilis intellectualis* « *naturæ vel existens per se solum secundum quemdam* « *modum existendi* (3) ». Il explique ensuite la généra- tion du Verbe par la similitude de l'acte de connaissance qui produit en nous une image cognitive (4) et la pro- cession du Saint-Esprit par celle de l'acte d'amour qui vient de la substance qui se connaît (5).

Plus encore qu'Alexandre de Halès, qui n'invoquait les écrits de Stagyrite que pour confirmer sa doctrine,

---

(1) S. Thomas consacre un article à la justifier. *S. Th.* p. I, q. 29, art. 1, et art. 3, ad. 4.

(2) L'école de Saint-Victor avait une tendance marquée vers la théologie mystique, tendance qui fut accentuée encore par Richard de Saint-Victor. De l'école des Victoriens, la mystique passa à Alexandre de Halès, le fondateur de l'école francis- caine, et plus encore à son élève saint Bonaventure. L'école dominicaine au contraire semble avoir hérité de l'école d'Abé- lard.

(3) *S. Théol.*, p. 1, q. 55, membr. 4, art. 1.

(4) *S. Théol.*, p. 1, q. 42, m. 2.

(5) *Ibid.*, q. 43, m. 3, et m. 5.

le dominicain Albert le Grand (1) (1206-1280) fit usage de la philosophie péripatéticienne et imprégna d'aristotélisme la science théologique. Esprit universel, d'une érudition prodigieuse pour son époque, il cultiva toutes les sciences sacrées et profanes connues de son temps : physique, botanique, astronomie, sciences morales, philosophie, Ecriture sainte, théologie, etc. Son influence fut profonde, plus encore dans le domaine de la philosophie que dans celui de la théologie et il a préparé la voie dans laquelle le surpassera son disciple Thomas d'Aquin. Ses principaux ouvrages de théologie sont un *Commentaire des quatre Livres des Sentences* de Pierre Lombard et une *Somme théologique.*

Il remarque que la vie de Dieu ne peut être inactive. De même qu'elle se manifeste au dehors par la création, elle se manifeste en Dieu lui-même par le Vrai et le Bien, c'est-à-dire par le Verbe et l'Esprit-Saint (2). Il justifie la théorie de Pierre Lombard qui attribue aux personnes et non à l'essence divine les actes de génération et d'aspiration. Il note les propriétés des personnes que déjà saint Grégoire de Nazianze et saint Augustin avaient signalées. Celles du Père sont l'innascibilité, la génération active et l'aspiration active commune avec le Fils ; celles du Verbe, la génération passive et l'aspiration active commune avec le Père ; celle du Saint-Esprit l'aspiration passive. Ces relations s'appellent *notiones*, parce qu'elles font connaître les personnes (3). Enfin, comme saint Augustin, il relève dans la nature des vestiges et des images de la Trinité ; mais il le fait avec une subtilité particulière.

S'il considère les choses matérielles, elles lui révè-

(1) Schwane, IV, p. 74 et suiv., p. 264 et suiv.— *Dict. de théol. cath*, I, col. 666 et suiv.

(2) *Comm. in Sent.*, I, dist. 10, art. 12.

(3) *Summ. th.*, q. 39, art. 1.

lent une trinité dans leur nature, leur cognoscibilité et leur capacité d'agir :

1° Leur nature suppose leur création, leur être et leur perfectionnement :

I. Dans leur création, il voit le nombre, le poids et la mesure ;

II. Dans leur être, la forme, la distinction spécifique et le but ;

III. Dans leur perfectionnement, l'être perfectionné par la vérité et la bonté ;

2° Dans leur cognoscibilité, il distingue leur nature, leur ressemblance et leur différence avec les autres êtres ;

3° Leur capacité d'agir repose sur la substance, la faculté et l'acte.

Dans les êtres spirituels, il remarque également une trinité : la mémoire, de laquelle se dégage l'intelligence d'une chose et de cette intelligence, l'effort de la volonté pour l'atteindre (1).

Saint Bonaventure (2), (1221-1274) partage avec saint Thomas la gloire d'être l'un des princes de la théologie. « Ce furent surtout ces deux glorieux docteurs, « l'angélique saint Thomas et le séraphique saint Bona- « venture, dit Sixte-Quint, dans sa bulle *Triumphantis*, « qui, par leur génie, leurs études, leurs travaux et « leurs veilles, illustrèrent, ornèrent, coordonnèrent « admirablement et livrèrent à la postérité la théologie « scolastique merveilleusement développée (3). »

(1) *Sum. théol.*, 1, tr. 3, q. 15, m. 2, part. 1.

(2) Schwane, IV, p. 108 et suiv ; 262 et suiv ; — *Dict. de théol. cath.* II, col. 962 et suiv.

(3) « Theologia Scholastica, quam duo potissimum glorios « Doctores, angelicus S. Thomas et seraphicus S. Bonaventura... « excellenti ingenio, assiduo studio, magnis laboribus et vigiliis « excoluerunt atque ornarunt, eamque optime dispositam, mul- « tisque modis præclare explicatam posteris tradiderunt. » Cité par *Léon XIII*, dans l'Encyclique *Æterni Patris*.

Tout jeune encore, il entra dans l'ordre de saint François. Il y fut le disciple distingué d'Alexandre de Halès et connut probablement, à Paris, Albert le Grand, qui y enseigna de 1245 à 1248. Bien que sa tendance mystique et ses affinités avec l'école des Victoriens le portassent plutôt vers les conceptions augustiniennes et platoniciennes, il fut cependant péripatéticien par sa méthode. Dans son principal ouvrage, *Commentaire des Quatre Livres des Sentences de Pierre Lombard*, il suit la division du Maître des Sentences et s'inspire le plus souvent de son maître Alexandre. Il y traite de la sainte Trinité dans la 3ᵉ partie du Iᵉʳ Livre (dist. 8 à 34). Le *Breviloquium* est un abrégé de cet ouvrage, divisé en sept parties, dont la première est consacrée à la sainte Trinité. Enfin huit des *Quæstiones disputatæ* ont pour objet ce mystère. Il l'y étudie « suivant une méthode « particulière. En effet, Bonaventure démontre dans les « deux premiers articles *Deum esse, esse verum indubi-* « *tabile,* et *Deum esse trinum, esse verum credibile.* « Puis dans sept questions, il prouve autant d'attributs « de Dieu et démontre que ces attributs se concilient « avec la Trinité (1) ».

Sa doctrine trinitaire n'a rien de bien spécial. Il précise mieux que ses devanciers l'emploi des termes appliqués à Dieu qui peuvent être entendus dans un double sens abstrait et concret. Si l'on ne peut dire que la substance divine engendre, cependant en prenant le mot Dieu au sens concret, on peut dire que Dieu engendre ; l'acte n'étant pas attribué à l'essence, mais à la personne du Père (2). Il remarque encore que les analogies tirées de la connaissance et de la volonté, pour expliquer la génération et l'aspiration, peuvent se concevoir de deux

(1) *Diction. de Théol. cath.*, t. II, col. 969.
(2) *In Sentent.*, I, dist. 5, art. 1, q. 1 et art. 2, q. 1, et 2.

façons — soit par immanence, en ce sens qu'il y a production d'une image égale et de l'amour lui-même, et c'est le mode trinitaire, — soit par communication extérieure de copies conformes au prototype et d'êtres réalisés par la volonté et l'amour, et c'est la création du monde (1). Enfin il emprunte à des prédécesseurs l'énumération des propriétés personnelles, l'innascibilité, la génération active et passive, l'aspiration active et passive (2).

### Art. 6.

#### La Trinité dans saint Thomas d'Aquin.

THOMAS D'AQUIN (1227-1274), élève d'Albert le Grand, et prince des théologiens, a traité de la Sainte Trinité dans ses nombreux ouvrages, en particulier dans le *Commentaire sur le De Trinitate* de Boëce, dans le *Commentaire sur les quatre livres des Sentences*, dans les *Quæstiones disputatæ* (q. X), etc. et surtout dans la *Somme contre les Gentils* (l. IV, c. I à XXVI) et dans la *Somme théologique*. Ce dernier ouvrage, sorte de manuel à l'usage des étudiants en théologie, était destiné à supplanter celui de Pierre Lombard.

La *Somme théologique* se divise en trois parties : I. Dieu et ses œuvres ; — II. Dieu fin de l'homme ; — III. Dieu Sauveur ; cette dernière inachevée et complétée par des extraits du Commentaire de Thomas sur le livre des *Sentences*.

Dans la première partie, après une introduction sur la nature et l'objet de la science sacrée (q. 1), Thomas traite de Dieu (q. 2-26), de la Trinité (q. 27-43) et de la création (q. 44-119) : création en général (q. 44-49), les anges (q. 50-64), le monde (q. 65-74), l'homme (q. 75-

(1) *In Sentent.*, I, dist. 6. art. 1, q. 3.
(2) *In Sentent.*, I, dist. 26, art. 1, q. 1.

102), le gouvernement de la Providence (q. 103-119).

La seconde partie se subdivise en morale générale (1ª IIᵃᵉ) et morale spéciale (2ª IIᵃᵉ). — Morale générale : la fin de l'homme (q. 1-5), les actes humains et le libre arbitre (q. 6-21), des passions (q. 22-48), de l'habitude en général (q. 49-54), des vertus (q. 55-70), des péchés (q. 71-89), des lois (q. 90-108), de la grâce et du mérite (q. 109-114). — Morale spéciale : Des vertus théologales (q. 1-46), des vertus cardinales (q. 47-170), de quelques vertus spéciales (q. 171-182), de certains devoirs d'état (q. 183-189).

La troisième partie traite du Sauveur et de ses bienfaits : le mystère de l'Incarnation (q. 1-24), la vie et les actes du Rédempteur (q. 25-59), les sacrements en général (q. 60-65), le baptême (q. 66-71), la confirmation (q. 72), l'eucharistie (q. 73-83), la pénitence (q. 84-90). Ici s'arrête la *Somme* ; elle est complétée, comme il a été dit, par un supplément qui comprend : la suite du sacrement de pénitence (q. 1-28), l'extrême-onction (q. 29-33), l'ordre (q. 34-40), le mariage (q. 41-68), la vie future, c'est-à-dire la résurrection des morts et les fins dernières (q. 69-99).

Comme on le voit, Thomas d'Aquin se rapproche beaucoup d'Alexandre de Halès dans le plan de son ouvrage, de même qu'il suit à peu près la même méthode : recension des diverses opinions, exposition de sa doctrine et solution des difficultés.

La partie de la *Somme théologique* consacrée à la Sainte Trinité (I, q. 27-43) se divise en trois parties : de l'origine des personnes (q. 27), des relations d'origine (q. 28), et des personnes divines (q. 29-43).

Thomas d'Aquin distingue d'abord deux modes de procession : — l'une extérieure, comme, par exemple, la chaleur qui émane d'un objet chaud et réchauffe ce qui est froid, « *ut calor a calefaciente in calefac-*

« *tum* (1) ; » — l'autre intérieure, comme l'acte de l'intelligence, qui est immanent : « *quicumque autem intelligit, ex hoc ipso quod intelligit, procedit aliquid intra ipsum, quod est conceptio rei intellectæ, ex vi intellectiva proveniens, et ex ejus notitia procedens* (2). En Dieu, la procession extérieure, c'est la création ; mais, puisque Dieu est l'intelligence suprême et parfaite, il y a aussi une procession intérieure, qui est le Verbe, qui procède *ad intra*. Plus l'être est intelligent, plus sa conception intellectuelle est intime et s'unifie en quelque sorte avec lui et il est clair qu'en Dieu cette union atteint toute sa perfection et que le Verbe ne fait qu'un avec lui (3). Or, cette procession du Verbe est une véritable génération. Qu'est-ce que la génération, sinon l'origine qu'un être vivant tire d'un principe vivant qui lui communique une nature semblable ? « *generatio significat originem alicujus viventis a principio vivente cunjuncto... secundum rationem similitudinis* (4) ». Or, le Verbe procède suivant un mode de procession de l'acte intellectuel, qui est un acte de vie ; il procède d'un principe conjoint auquel il ressemble : l'idée que l'intelligence se fait d'un objet ressemble, en effet, à cet objet et réside dans la même nature que cette intelligence ; et parce qu'en Dieu, être et comprendre ne font qu'un, la procession du Verbe est dite génération et le Verbe qui procède est appelé Fils (5).

Outre cette procession du Verbe, il faut en admettre une autre, celle de l'amour. Dans un être intelligent, la procession interne est double ; il y a l'acte de l'intelligence qui comprend et l'acte de la volonté qui aime ce qui

(1) Q. 27, art. 1. in corp.
(2) Q. 27, art. 1. in corp.
(3) *Ibid. ad.* 2ᵐ.
(4) Q. 27, art. 2, in corp.
(5) Q. 27. art. 2, in corp.

est objet de l'intelligence. De même que par la conception, l'objet connu réside dans l'intelligence sous forme d'idée, de même par l'amour, l'objet aimé réside dans celui qui aime (1) ; cependant cette procession de l'amour n'est point une génération. Il va de soi qu'on ne comprendrait pas, s'il ne s'établissait dans notre esprit une ressemblance entre l'objet et l'idée qu'on s'en fait ; tandis que la procession de l'acte de volonté ne se fait pas dans l'ordre de la ressemblance, mais par inclination vers ce qui est voulu ; c'est donc plutôt une certaine impulsion, un mouvement vers cet objet. Aussi cette procession, dans la divinité, est-elle appelée *Esprit* pour désigner ce mouvement vital, cette impulsion, qui pousse, qui meut celui qui aime. Elle n'a point de nom propre, et faute d'autre, on pourrait l'appeler *aspiration* (2).

Dans une nature intellectuelle, les actions immanentes ne sont qu'au nombre de deux, l'intelligence et la volonté ; il s'ensuit qu'il n'y a que deux processions dans la divinité, d'après lesquelles Dieu comprend et aime son essence, sa vérité et sa bonté. Qu'on n'objecte point la sensibilité ; c'est une opération mixte, à la fois intérieure et extérieure, et non pas immanente. Quant aux perfections divines de puissance, bonté, etc., elles se rapportent à la procession extérieure qu'est la création (3).

Les personnes divines ont entre elles des *relations d'origine*. Ces relations sont quelque chose de réel, et non pas une simple relation logique, une modalité comme le prétendait Sabellius. La paternité, la filiation sont vraiment des réalités en Dieu (4). Et comme en Lui tout est substantiel, la relation ne fait qu'un avec

(1) Q. 27, art. 3, in corp.
(2) Q. 27. art. 4.
(3) Q. 27. art. 5.
(4) Q. 28. art. 1.

l'essence divine ; l'opinion contraire, qui fut celle de Gilbert de la Porrée, a été condamnée au concile de Reims (1). Et cependant ces relations sont distinctes, non seulement logiquement, mais réellement les unes des autres. Qui dit relation dit, en effet, rapport entre deux êtres distincts. Or, en Dieu, l'unité et la simplicité même, la distinction réelle ne peut pas être dans l'essence ; elle est dans les personnes qui se distinguent *par leur origine,* sous des aspects opposés (2). Ces relations sont au nombre de quatre, ni plus ni moins. Toute relation se fonde soit sur la quantité, soit sur l'activité, c'est-à-dire le rapport de l'actif au passif. En Dieu il n'y a point de quantité ; c'est donc par l'activité divine que se distinguent les relations ; on veut dire l'activité interne, immanente ; il ne s'agit point des œuvres *ad extra.*

S'il n'y a que deux processions en Dieu, il ne peut y avoir que quatre relations qui s'opposent deux à deux : — procession du Verbe, ou génération, d'où relation de *paternité,* relation active de celui qui engendre vis-à-vis celui qui est engendré, et relation de *filiation,* relation passive de celui qui est engendré vis-à-vis de celui qui engendre. La procession de l'Esprit donne lieu également à une double relation : relation d'*aspiration* de la part du principe actif — et, faute d'autre mot, relation de *procession,* de la part du principe passif ou Esprit (3). Toutefois le principe actif de l'aspiration ne constitue pas une quatrième personne distincte du Père et du Verbe. Ce Spirateur unique est identique au Père et au Fils, ne détermine aucune différence entre eux pour la raison qu'il n'établit aucune relation d'opposition soit avec la paternité, soit avec la filiation (4).

(1) Q. 28, art. 2.
(2) Q. 28, art. 3.
(3) Q. 28, art. 4.
(4) Q. 30, art. 2.

Apres avoir expliqué la définition de la personne donnée par Boëce (1), Thomas définit la personne divine : « *La relation subsistante par elle-même : persona* « *igitur divina significat relationem ut subsistentem* (2). « — *Paternitas igitur subsistens est persona Patris, et* « *filiatio subsistens est persona Filii* (3). » Il la compare aux notions d'hypostase, de subsistance et d'essence (4). Il justifie l'emploi des mots de personne (5), de Trinité (6). Il démontre que ce mystère ne peut être connu par les seules lumières de la raison naturelle (7). Il compte ensuite cinq *notions* ou propriétés ; ce sont, dit-il, les relations considérées *in abstracto* (8) ; c'est-à-dire le caractère propre qui nous permet de distinguer une personne d'une autre, *notio* « dicitur id quod est propria « ratio cognoscendi divinam personam » (9). Et, comme les personnes divines se distinguent par leur origine, il faut compter cinq notes ou notions : l'innascibilité, la paternité, la filiation, l'aspiration commune et la procession. Quatre seulement sont des *propriétés personnelles*, puisque l'aspiration est commune à deux personnes. Trois sont des *notions personnelles*, c'est-à-dire constituant des personnes : la paternité, la filiation et la procession (10).

Puis l'auteur de la *Somme* considère chaque personne séparément. Le Père, avec raison, est nommé principe, si par ce mot on n'entend rien autre que ce dont quelque

(1) Q. 29, art. 1.
(2) Q. 29, art. 4.
(3) Q. 30, art. 2.
(4) Q. 29, art. 2.
(5) Q. 29, art. 3.
6) Q. 31, art. 1.
(7) Q. 32, art. 1.
(8) Q. 32, art. 2.
(9) Q. 32, art. 3, in corp.
(10) Q. 32, art. 3.

chose procède (1). Avec plus de raison encore, il est nommé Père, puisqu'il a, comme propriété personnelle, la paternité (2), de même qu'il a celle d'être inengendré (3). La seconde personne est désignée sous les noms de Fils, Verbe, Image. Elle est Fils par rapport au Père. On l'appelle Verbe, en tant que concept interne de l'intelligence, puisque de sa nature ce concept procède de l'intelligence, et ce terme en Dieu est pris *non essentialiter sed personaliter tantum* (4). Le nom de Verbe est d'ailleurs le véritable nom du Fils ; il signifie une certaine émanation de l'intelligence ; et la personne qui, en Dieu, procède suivant ce mode est proprement le Fils dont la procession est appelée génération ; aussi seul le Fils peut-il être dit Verbe en Dieu. Et qu'on ne prétende point que le Fils, à son tour, par un acte d'intelligence, engendre un autre Verbe ; l'intelligence en Dieu n'est pas une propriété personnelle, mais se réfère à l'essence. Le Fils conçoit, en tant que Verbe qui procède, sans se séparer de l'intellect divin, dont il ne se distingue que par sa relation d'origine (5). En Dieu, qui, par un seul acte intellectuel, embrasse tout et se connaît lui-même, le Verbe représente et exprime tout ce que conçoit *le Disant* ou Père, même les créatures en tant que Dieu les conçoit en se connaissant lui-même (6). On désigne encore le Fils sous le nom d'Image ; l'image représente le modèle dont elle procède (7) et c'est la caractéristique du Verbe d'être la représentation de ce dont il procède et d'être l'image parfaite du Père (8).

(1) Q. 33, art. 1.
(2) Q. 33, art. 2.
(3) Q. 33, art, 4.
(4) Q. 34, art. 1.
(5) Q. 34, art. 2.
(6) Q. 34, art. 3.
(7) Q. 35, art. 1.
(8) Q. 35, art. 2.

On donne à la troisième personne les noms de Saint-Esprit, Amour, Don de Dieu. Au sujet du premier de ces noms, Thomas rappelle, ce qu'il a dit (1), que la deuxième procession, *per modum amoris*, n'a point de désignation propre et que les deux relations qui s'ensuivent sont innommées. Faute de mieux, on doit s'accommoder des termes aspiration et procession, qui sont plutôt des notions que des relations. On devra donc se contenter de l'expression *Esprit-Saint* consacrée par l'Écriture. D'ailleurs ce mot de *Spiritus*, esprit, souffle, signifie bien une certaine impulsion, et c'est le propre de l'amour de mouvoir la volonté en lui imprimant une impulsion vers l'objet aimé (2). Le Saint-Esprit procède à la fois du Père et du Fils. Et les arguments fournis par le Docteur angélique sont d'une logique très précise et très serrée.

Tout ce qu'on affirme de Dieu *absolute* se rapporte à l'unité d'essence. Reste donc que les personnes ne se distinguent que par les relations, et les relations ne se distinguent qu'autant qu'elles s'opposent mutuellement. Le Père a deux relations actives : l'une vis-à-vis du Fils, l'autre du Saint-Esprit ; et comme elles ne s'opposent pas l'une à l'autre, ces deux relations constituent non pas deux personnes distinctes, mais une seule, celle du Père. Vis-à-vis du Père, il y a deux relations passives, l'une du Fils, l'autre du Saint-Esprit. Or, si ces deux relations ne s'opposaient point non plus l'une à l'autre, elles constitueraient elles aussi une seule personne, c'est-à-dire que le Fils et le Saint-Esprit ne feraient qu'une seule personne ayant deux relations opposées aux deux relations du Père. Cette proposition qui identifie le Fils et l'Esprit est manifestement hérétique. Donc le Fils et le Saint-Esprit se distinguent par des relations qui s'op-

_______________

(1) Q. 27, art. 4, *ad* 3<sup>m</sup> et Q. 28, art. 4, in corp.
(2) Q. 36, art. 4.

posent, et, comme on l'a déjà dit (1), en Dieu il n'y a que les relations d'origine qui s'opposent mutuellement. On est donc obligé de dire : — ou que le Fils procède de l'Esprit et il n'y a personne pour l'affirmer — ou que le Saint-Esprit procède du Fils, et c'est notre croyance (2).

Autre raison : Le Fils procède *per modum intellectus ut Verbum*, le Saint-Esprit *per modum voluntatis ut amor;* mais l'amour découle nécessairement de la connaissance de l'objet aimé, *nil volitum nisi præcognitum*, on n'aime pas ce que l'on ignore, donc l'Esprit procède du Verbe. — Troisième raison, de moindre valeur : ce n'est point sans ordre de dépendance mutuelle, sauf pour les choses matérielles, que plusieurs êtres dérivent d'un même principe. Et dans les personnes divines, parfaitement égales en toutes choses, il ne peut y avoir d'autre dépendance mutuelle que celle d'origine. Les Grecs l'admettent d'ailleurs en concédant que le Saint-Esprit procède du Père *par* le Fils (3). Si, par cette manière de s'exprimer, on entend dire que le Fils tient du Père ce par quoi l'Esprit procède de lui, Thomas ne répugne pas à cette élocution *potest dici quod Pater per Filium spiret Spiritum sanctum* et il reconnaît qu'on peut dire que le Père par le Fils aspire l'Esprit ou que l'Esprit procède du Père par le Fils, ce qui est identique, *vel quod Spiritus Sanctus procedat a Patre per Filium, quod idem est* (4). Là où il n'y a point d'opposition de relation qui les distingue, le Père et le Fils ne font qu'un, il faut en conclure qu'ils sont un seul et même principe d'où dérive le Saint-Esprit, en remarquant toutefois que ce terme de principe ne signifie pas une personne distincte, mais une propriété, l'aspiration.

(1) Q. 28, art. 4.
(2) Q. 36, art. 2.
(3) Q. 36, art. 2.
(4) Q. 36, art. 3.

En effet, le *Spirateur* est unique ; il ne se distingue pas réellement du Père et du Fils, bien que ces deux personnes se trouvent distinctes par la première procession. Pour aimer, il faut connaître. Le Spirateur ne peut être dénué de connaissance et la connaissance se fait par la distinction du Père et du Fils. Donc le Spirateur sera Père et Fils, *duo spirantes* ; et l'Esprit procédera du Père et du Fils, comme d'un seul principe. La notion de spirateur n'implique pas dualité, mais unité d'opération et il n'y a qu'une seule aspiration commune au Père et au Fils : « *possumus dicere quod Pater et Filius sunt* « *duo spirantes propter pluritatem suppositorum, non* « *autem duo spiratores propter unam spirationem* (1).»

L'Esprit Saint est encore appelé Amour. En Dieu l'amour peut s'énoncer *essentialiter et personaliter*. *Essentialiter*, au point de vue de l'essence, l'amour ne se distingue pas des personnes. *Personaliter*, au point de vue personnel, en tant que relation entre les personnes, il appartient à l'Esprit, car l'aspiration se fai *per modum voluntatis ut amor* (2). Enfin on désigne encore la troisième personne sous le nom de *Don de Dieu*, parce que le propre de l'amour, c'est de donner gratuitement et sans retour, et de donner d'abord l'amour. Parce qu'il procède comme amour, l'Esprit procède aussi comme don de Dieu (3).

Ayant étudié chaque personne séparément, le Docteur angélique les considère dans leur ensemble ; d'abord vis-à-vis de l'essence divine. Comment donc maintenir l'unité d'essence en multipliant les personnes ? En Dieu, les relations sont l'essence divine elle-même. Il n'y a entre les personnes et la nature qu'une distinction de raison, virtuelle, logique, tandis que les personnes se

(1) Q. 36, art. 4.
(2) Q. 37, art. 1 et 2.
(3) Q. 38, art. 1 et 2.

distinguent réellement entre elles. Qu'on la considère absolument, en soi, ou dans ses rapports avec les personnes, l'essence divine est une ; mais elle communique totalement et identiquement à plusieurs personnes, qui restent distinctes à cause de leurs relations d'opposition et d'origine. Il n'y a qu'un Dieu ; parce que chaque personne possède identiquement la même nature. On peut donc dire qu'il n'y a qu'une seule essence divine en trois personnes et trois personnes en une seule essence (1) ; mais on ne saurait dire de ces trois personnes qu'elles sont trois Dieux. Il est légitime d'affirmer trois personnes divines, subsistantes, sages, éternelles, etc., et un seul Dieu incréé, immense, éternel, etc. Ce qui s'énonce au singulier s'applique substantivement à l'essence ; au pluriel, ce sont les attributions qui se rapportent aux personnes (2). De même les lois du langage permettent, en parlant des personnes, d'employer certains mots concrets qui se rapportent à l'essence ; ainsi l'on pourra dire : *Dieu a engendré*, pour *le Père a engendré*, *Dieu s'est incarné*, pour *le Fils s'est incarné* (3) ; mais on ne pourrait attribuer à la nature divine ce qui est la propriété des personnes et ce par quoi elles se distinguent, ce qui laisserait supposer que la nature est distincte pour chaque personne (4), etc.

Comparant ensuite les personnes avec les relations, Thomas revient sur la doctrine qu'il a déjà exposée (5) et s'y étend plus longuement. La personne, c'est la relation subsistante, et c'est par les relations opposées, relations d'origine, que les personnes se distinguent (6), etc.

Il compte ensuite deux *actus notionales*, c'est-à-dire

(1) Q. 39, art. 1 et 2.
(2) Q. 39, art. 3.
(3) Q. 39, art. 4.
(4) Q. 39, art. 5.
(5) Voir *supra*, p. 54 et suiv.
(6) Q. 40, art. 1 et 2.

les actes qui font connaître l'origine des personnes, la génération active et l'aspiration active. Leur principe est l'essence même de Dieu ; la volonté n'est que concomitante et on ne peut dire que ces actes soient libres, en ce sens qu'ils auraient pu ne pas être. Le Fils est engendré, non point du néant, mais de la substance même du Père ; c'est l'essence divine qui lui est totalement communiquée par le Père, dont il ne se distingue que par une relation d'origine. Aux deux *actus notionales* correspondent deux *potentiæ notionales*, la génération passive et l'aspiration passive (1).

Les trois personnes sont parfaitement égales en toutes choses ; la moindre inégalité romprait l'unité d'essence ; le Fils est éternel, l'Esprit est éternel, comme le Père est éternel, car il n'y a point de succession, dans la nature divine. Cependant s'il n'y a ni succession ni égalité, il y a un ordre d'origine entre les personnes, non que l'une soit antérieure à l'autre, mais en ce sens que l'une procède de l'autre (2).

Enfin, dans la *Somme théologique*, le traité de la Trinité se clôt par une dernière question sur les *Missions* divines. C'est encore la procession, mais envisagée dans ses effets, particulièrement dans ses effets temporels. La mission peut être invisible, comme l'inhabitation dans les âmes par la grâce, — ou visible, comme celle du Fils dans l'Incarnation (3), etc.

Si l'on a insisté un peu longuement sur la doctrine de saint Thomas, c'est que d'une part elle résume parfaitement la doctrine scolastique de la Trinité, et que d'autre part la théologie n'a guère fait, depuis, que de suivre la voie si bien marquée, sur ce point comme sur beaucoup d'autres, par le grand théologien.

(1) Q. 41.
(2) Q. 42.
(3) Q. 43.

# CONCLUSION

Il reste à signaler, en terminant, un renouvellement d'erreurs antitrinitaires dans les temps modernes. Au xvi<sup>e</sup> siècle, les attaques contre le dogme de la Trinité furent reprises par les *Sociniens*. Ces hérétiques professaient le sabellianisme. Ils niaient la distinction et la divinité des personnes divines, qu'ils réduisaient à de simples modalités. Ils n'admettaient qu'une personne en Dieu. Le Christ n'était qu'un homme et le Saint-Esprit qu'un attribut divin. Ils reçurent le nom d'*Unitaires* ou d'*Antitrinitaires*. Michel Servet rejetait la trinité des personnes divines, comme un Cerbère à trois têtes, un Dieu divisé en trois parties. Faust Socin prétendait contradictoires l'unité numérique de Dieu et la trinité de personnes, dont chacune serait Dieu, etc.

Au commencement du xviii<sup>e</sup> siècle, l'arianisme reparaissait en Angleterre. William Whiston publiait vers 1711 un ouvrage émaillé de propositions semi-ariennes : le Père, seul Dieu suprême ; le Fils, inférieur et subordonné au Père, engendré ou créé librement par celui-ci au commencement du monde ; le Saint-Esprit, inférieur et subordonné au Fils. En 1712, Clarke reprenait cette conception subordinatienne : le Fils engendré par la volonté du Père ; le Saint-Esprit inférieur au Fils comme le Fils l'est au Père ; la théorie des trois personnes en une seule nature rejetée comme inacceptable dans les termes, la négation de l'existence de trois personnes éternelles, incréées et toutes puissantes. Avec les Sociniens, Clarke affirmait que telle était la doctrine que les premiers chrétiens professaient, avant le concile de Nicée, sur la personne du Fils de Dieu et la Trinité.

Enfin le *rationalisme* moderne regarde le dogme comme contraire aux données de la raison. Ses attaques amenèrent les théologiens catholiques et protestants à des essais d'explication rationnelle. C'est ainsi que le docteur Günther, prêtre du diocèse de Cologne († 1863) imagina un système trinitaire qui n'était qu'un mélange d'erreurs modalistes et trithéïstes. En définissant la personne « une substance consciente d'elle-même », il rompait l'unité numérique de nature dans la Trinité. Il en niait, en effet, la réalité et ne concevait qu'une unité formelle, résultant de la forme de la personnalité, c'est-à-dire de la conscience par laquelle les personnes divines se réfèrent l'une à l'autre. Il prenait ainsi pour l'essence de la personnalité, ce qui n'est qu'une faculté ou une opération de la nature raisonnable. Condamné, Günther se soumit et se rétracta. Le chapitre I du schéma proposé au concile du Vatican se terminait par les anathèmes suivants qui visaient directement les propositions du docteur de Cologne : « 1° Si quis dixerit, sicut « tres personas, ita et tres essentias seu substantias in « Deo esse, anathema sit. — 2° Si quis dixerit, divinam « substantiam, non numero, sed specie seu qualitate « trium personarum unam eamdemque esse, anathema « sit. — 3° Si quis dixerit trinitatem unum Deum esse, « non propter unius substantiæ singularitatem, sed « propter Dei trium substantiarum æqualitatem et per « sonarum ad se invicem relationem, anathema sit. »

La théologie trinitaire, depuis les grands scolastiques, n'a pas sensiblement progressé. D'ailleurs, il semble bien que tout ait été dit sur ce mystère et que la raison ait poussé ses investigations aussi loin que ses forces le lui permettaient. Croire ce qui est de foi, comprendre ce qui est à la portée de notre intelligence, exprimer l'un et l'autre suivant les formules de l'orthodoxie, c'est tout ce que peut le chrétien, au sujet de la Sainte-Trinité, nous dit saint Bonaventure. « *Primo contingit* « *ipsam* (Trinitatem) *credere, secundo creditam intel-* « *ligere, tertio intellectam dicere, sive enuntiare. Cre-* « *dere autem est per auctoritatem, intelligere par ra-* « *tionem, dicere par catholicam et rationabilem locu-* « *tionem* (1). »

(1) *In* 1. dist. 2.

# TABLE DES MATIÈRES



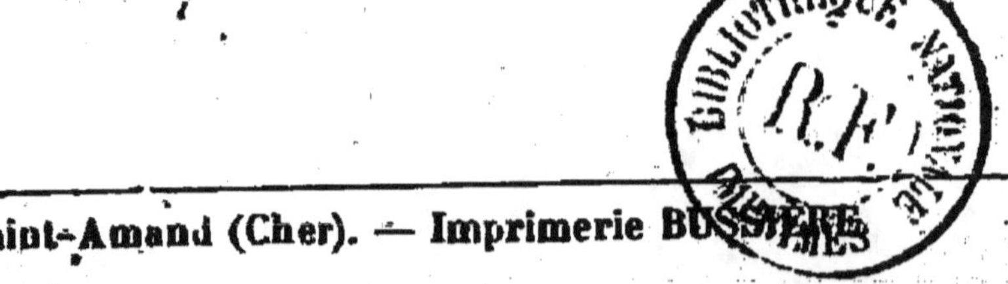


Saint-Amand (Cher). — Imprimerie BUSSIÈRE